英语教学改革与教学实践研究

张余辉 著

北方妇女儿童出版社
·长春·

图书在版编目（CIP）数据

英语教学改革与教学实践研究 / 张余辉著. -- 长春:
北方妇女儿童出版社，2022.1
ISBN 978-7-5585-6326-3

Ⅰ．①英... Ⅱ．①张... Ⅲ．①英语－教学研究－高
等职业教育 Ⅳ．①H319.3

中国版本图书馆CIP数据核字(2021)第274108号

英语教学改革与教学实践研究

YINGYU JIAOXUE GAIGE YU JIAOXUE SHIJIAN YANJIU

出 版 人	师晓晖
责任编辑	王天明
装帧设计	王一然
封面绘画	秦　风
开　　本	787mm×1092mm　　1/16
印　　张	9.75
字　　数	213 千字
版　　次	2022年1月第1版
印　　次	2022年1月第1次印刷
印　　刷	北京宝莲鸿图科技有限公司
出　　版	北方妇女儿童出版社
发　　行	北方妇女儿童出版社
地　　址	长春市福祉大路 5788 号
电　　话	总编办：0431-81629600
定　　价	56.00 元

前　言

　　我国经济发展速度较快，民众思想意识及生活水平不断提升，对英语的需求也不断提升。职业院校近年来通过不断的改革，经历了学生骤降骤增等过程，改革脚步从未停止，从院校体制及生源引入，为院校的可持续发展及日常教学带来巨大的影响。英语教学在职业院校中的教育地位逐渐提升，明显可以看出改革的盲目性及实用性差等缺点，正是英语教学改革思想意识不足所造成的。职业院校必须以我国经济及教育宏观战略为指导，贴合市场需求及学生水平，积极转变传统思想意识，将英语教学分层次、有范围地进行推进，满足各行业语言需求，为职业院校学生打下坚实的语言基础，为他们今后步入工作岗位，发挥潜能，打下可靠的基础。

　　职业院校通过多年的改制转型，教师人才队伍年龄、经验及文化水平良莠不齐，为英语教学改革带来难度，同时职业院校资金有限，对相关设备及外教人才引入有限，为英语教学改革带来了困难。软硬件的不足，造成改革速度较慢，教师整体素质及教学水平提升速度较慢。相关教材内容较为单一，符合大众教学需求，但不能与学生实际职业教育相结合，实用性不强，且更新速度较慢，容易与时代需求脱节。学生学习兴趣不高，对英语实际掌握应用不足，英语学习流于形式，没有作为一项成熟的技能进行运用，而随着社会的进步，经济全球化的发展，英语能力水平也对学生职业生涯造成了影响。

　　综上所述，职业院校英语教学改革面临着众多的问题及困难，需要教育行业正视不足，积极进行改革提升，全面提高我国职业教育的质量及水平，满足社会及经济发展对复合型人才的需求。在实际改革过程中，注重改革理念的树立，加大对英语教学的软硬件投入，提升教师职业素养及专业水平，创新教学方式，激发学生兴趣，注重理论与实践相结合，提高英语的实际应用水平。职业院校通过英语教学改革，为社会提供高素质"职业人"，培养出职业素养及语言能力水平较高的技能型人才。

目　录

第一章　职业院校英语教学的理论研究 …………………………………… 1

第一节　职业院校英语教学困境 ………………………………………… 1

第二节　多媒体环境下职业院校英语教学 …………………………… 4

第三节　职业院校英语教学的实用性 ………………………………… 6

第四节　职业院校英语教学中的文化传递 …………………………… 8

第五节　职业院校英语教学中的任务教学法 ……………………… 11

第六节　职业院校英语教学有效性 …………………………………… 13

第七节　职业院校英语教学与翻转课堂教学 ……………………… 15

第二章　高职英语教学现状 ……………………………………………… 19

第一节　高职英语课堂教学模式 ……………………………………… 19

第二节　高职英语教育专业课程设置 ………………………………… 28

第三节　高职英语人才培养模式 ……………………………………… 31

第三章　高职英语课堂教学的理论研究 ……………………………… 34

第一节　高职英语课堂教学的有效性 ………………………………… 34

第二节　高职英语课堂教学的困境与改进 ………………………… 38

第三节　高职英语课堂教学中的文化导入 ………………………… 40

第四节　高职英语课堂教学的自我反思 …………………………… 43

第五节　核心素养体系下的高职英语课堂教学 …………………… 45

第六节　教育生态学视角下高职英语课堂教学 …………………… 48

第七节　高职英语课堂教学语言教学策略 ………………………… 52

第八节　美国俚语与高职英语课堂教学 …………………………… 54

第四章　高职英语自主学习理论 ……………………………………… 60

第一节　互联网的高职英语自主学习焦虑问题 …………………… 60

第二节　高职英语自主学习中心的建设 …………………………… 62

第三节　后方法时代高职英语自主学习的隐喻 ………………………………… 66

第四节　网络平台下高职英语自主学习模式 ……………………………………… 71

第五节　基于网络的高职英语自主学习生态化 …………………………………… 73

第六节　建立高职英语自主学习中心的探究 ……………………………………… 77

第五章　高职英语课堂混合式教学概述 …………………………………………… 81

第一节　高职英语国际音标翻转课堂混合式教学 ……………………………… 81

第二节　高职英语"翻转课堂"混合式教学模式 ……………………………… 84

第三节　基于雨课堂的高职英语混合式教学 ……………………………………… 87

第四节　基于课堂生态视角下的高职商务英语混合式教学 …………………… 91

第五节　基于云班课移动平台的高职英语混合式课堂教学 …………………… 95

第六节　基于云课堂的混合式学习在高职外贸英语函电课程教学中的应用 … 99

第六章　职业院校英语教学改革研究 ……………………………………………… 103

第一节　职业需求与高职英语教学改革 …………………………………………… 103

第二节　高职英语教学改革思路与方向 …………………………………………… 106

第三节　赛学结合与高职英语教学改革 …………………………………………… 108

第四节　慕课背景下的高职英语教学改革 ………………………………………… 112

第五节　"互联网+"背景下的高职英语教学 …………………………………… 114

第六节　课程思政视域下高职英语教学改革 ……………………………………… 116

第七节　高职英语教学改革与专业建设契合 ……………………………………… 118

第八节　基于文化软实力提升的高职英语教学 ………………………………… 120

第七章　基于信息化的高职英语教学改革路径研究 …………………………… 124

第一节　信息化环境下高职英语教学现状及应用 ……………………………… 124

第二节　新媒体时代高职英语信息化教学的应用 ……………………………… 127

第三节　高职英语课堂中信息化教学手段的应用 ……………………………… 130

第四节　信息化环境下高职英语微课教学的应用 ……………………………… 133

第五节　信息化教学手段在高职英语教学中的应用 …………………………… 136

第六节　基于智能手机应用的高职英语信息化教学设计 ……………………… 139

第七节　信息化背景下多元评价体系在高职英语口语教学中的应用 ………… 143

参考文献 ………………………………………………………………………………… 147

第一章 职业院校英语教学的理论研究

第一节 职业院校英语教学困境

随着我国科学技术的高速发展，社会发展进程日新月异，使得职业院校教育有了更广阔的发展前景。当今时代对高素质高技能人才有着迫切需求，这给职业院校全面培养学生综合素质、提高人才培养质量提出了更高的标准和要求。职业院校英语教学是职业教育课程体系的重要组成部分，在社会快速发展的今天，职业院校英语教学面临诸多困境，尤其是职院英语教学与社会实际严重脱节。本节主要以职业院校英语教学面临的困境为切入点，并对职业院校英语教学困境的突破进行深入分析，这对职业院校培养现代高素质复合型优秀人才具有重要意义。

在现代互联网信息技术广泛应用与普及背景下，我国经济逐渐全球化，国内外贸易往来越来越频繁，促使我国对外语人才的需求量日益增长，这对职业院校的英语教师水平、教学模式提出了更高的标准和要求，同时也给职业院校教师带来了一定的压力。然而在职业院校英语教学过程中，不但要给学生充分拓展与语言相关的知识面，加强学生举一反三、学以致用的能力，更重要的是要高度重视学生全面综合性发展，培养学生的多种能力。我国职业院校英语教学必须与社会的人才需求相结合，从而培养出一批批符合社会发展的优秀人才。目前职业院校英语教学仍然存在一些问题，如教学质量和效果不佳、英语课程不受重视等。英语教师常为这些事困扰与焦虑，也给我国职业院校教育全面培养实用复合型人才带来很大的影响。

一、职业院校英语教学面临的困境

（一）学生英语基础差

相对来说，语言类的东西都比较难学，背了又忘得快，若没有科学的学习方法，学起来非常费劲耗神。职业院校的学生大部分都是刚经历高考，分数普遍偏低，尤其是理科生，通常来说英语基础都比较差，在英语听、说、读、写能力上存在很大的缺陷。部分学生就读于职业院校，完全放弃了英语学习，因为听不懂看不懂，从而也就产生了厌学心理。大部分学生都是按自己的喜好做选择，选择自己感兴趣的、就业前景广阔的专业，而这些专业往往与英语联系较少，使得学生更加不重视英语这门课程的学习。此外，英语作为一种国际通用语言，在各高等院校都被列入大学必修课，由于种种原因，英语教学质量仍旧存在普遍偏低的现象。

（二）英语教师专业能力不高

在职业院校英语教学中，许多英语教师在传授学生知识时，不注重对自身能力的再次提高，再加上学生英语基础本身就薄弱，教师凭自身能力教起来还比较轻松，这就会使得英语教师更不积极进取，更不看重自我能力的提高，每天只是按部就班地完成教学任务，长期这样下去，英语教师的专业素养只会越来越低，专业知识不更新将无法跟上时代步伐。众所周知，英语作为一门语言，需要靠长期积累与运用，如果英语教师不注重自身能力的提高，将会对学生造成很大的影响，难以给学生提供一个良好的英语学习氛围。此外，在职业院校中存在部分教师工作不敬业，面对一些烦琐的教学事务以及学生的作业不能认真对待，只是敷衍了事，草率完成，没有考虑到学生的心理需求，导致整个英语教学效果不佳。

（三）教学设备不齐全

英语学习是一个需要长期积累与训练的过程，"听"是把英语学好的重要因素之一，然而有的职业院校缺乏较完备的语音设备，难以给学生提供一个较好的听力训练基地。有的职业学院给学生设置了语音室、多媒体教室，虽然可以上英语课，但教室设施设备还不够完善，播放语音时常会出差错或卡顿现象，从而导致学生心理浮躁，对英语学习更加缺乏兴趣。除此之外，职业院校也没有给英语教师进行专业的培训或外出学习的机会。从整体上来说，职业院校不够注重学生的英语学习，从而在教学设备上也没有进行足够的投入。

（四）英语教学缺乏生命力

任何一种语言只有在日常生活中经常与人交流才会焕发出生命力，因此，职业院校英语教学如果只是教师单纯地给学生灌输英语知识是难以体现出生命力的。课堂上学了英语，课后不开口说英语，这就变成了大众眼中的哑巴英语。要知道语言包含着丰富的底蕴文化，而大部分英语教师都是在课堂上给学生讲枯燥的英语单词、语法、课文等知识，教学模式缺乏多样化，无法激发学生学习英语的兴趣与积极性，这种索然无味的教学模式将会把语言自身的强大生命力扼杀在摇篮中。

（五）教学重课本理论知识轻实践

一直以来人们深受传统教学理念的影响，注重以课堂教学为主、老师至上的教学模式。在职业院校英语教学中，也存在一个普遍现象:重英语知识、轻实践，重英语语法、轻口语。这种过于侧重英语理论知识的教学，没有根据学生自身实际情况和社会发展需求，严重缺乏实践，与社会脱节，使得学生在学校只学到了部分英语知识和少量实际技能，缺乏英语口语能力的培养，将会导致学生日后很难找到一份合适的工作，社会适应能力也不足。

二、职业院校英语教学困境的突破

（一）加强学生英语实践教学

英语作为一门语言重在实践，职业院校英语教学应采取学习与实践相结合的教学模式，可以适当地带领学生到相关企业进行实地考察，把实践教学有效贯穿于英语教学的始终，有利于为学生日后步入社会奠定扎实的基础，也有利于调动学生学习英语的积极主动性，同时有利于在一定程度上培养学生的职业能力。另外，英语教师应多亲近学生，走进学生的内心，以更好地了解学生的学习情况与生活日常，促进师生之间的沟通与交流，使英语学习成为学生的一种乐趣，进而激发学生学习的内动力，这对学生学好英语有着非常积极的作用。职业院校还可以请一些英语外教来开阔学生的眼界与思维，从而唤起学生立志学好英语的欲望。同时职业学院也要多借鉴国外科学的教学模式与先进的教学理念。

（二）加强师资队伍建设

职业院校要想提高英语教学质量，其中拥有一支强有力的师资队伍是重中之重。英语教师作为教育传播者，必须摒弃传统的教学理念，不断创新教学内容，使教学模式多样化，更要注重自身能力的培养与知识更新。此外，职业院校应定期开展与英语相关的课题研究或英语实践等组织活动，将教学理论与实践有机结合，从而提高英语教学的整体水平。职业院校应大力支持英语教师走出校园，出国进修，打造出一支具有高专业技能、高素质的师资队伍，进一步提高学生的英语综合能力，使学生真正爱上英语。

（三）充分利用多媒体网络教学

在科学技术发达的新时代，多媒体技术已经广泛运用于各个领域中，极大地提升了人们的工作效率，丰富了人们的日常生活。因此，职业院校英语教师应充分利用多媒体网络教学，根据学生自身实际需求，可以播放一些贴近生活的英语电影、英语职场交际视频等，以此来打破传统课堂教学模式，重点培养学生的自主学习能力。通过用多媒体网络教学，不仅可以很好地锻炼学生的英语实践操练能力，而且为他们未来进入社会实践打下坚实的基础。在英语实践过程中，针对学生出现的问题，教师应积极鼓励学生充分利用网络平台等工具进行相关资料的查询，培养学生的独立思考能力，产生自己的见解，把英语学习和其他技能相结合，在很大程度上促进学生全面发展以及提升学生的综合素质。

（四）优化英语课堂设置

要使英语课堂充满活力，就必须优化英语课堂设置，适当地扩充英语知识面，增加一些语言文化与国外文化，使学生大开眼界，拓展思维，充分调动学生学习英语的积极性，从而提升英语课堂的学习效果。职业院校教师在英语教学中，不要单纯地给学生讲课本理论知识，应涉及一些其他国家的历史文化背景。这不但是学生学好英语的一把钥匙，而且能为学生日后出国学习打下好的基础。

为更好地适应社会主义市场经济的发展，满足社会对高素质复合型人才的需求，职业院校应运而生。职业院校大部分学生英语水平与自身素养参差不齐，相对来说差异较大。因此，职业院校英语教学，由于起步较晚，英语课程体系还不够完善，教学设备也不齐全，使得职业院校英语教学更具艰难性。所以，只有不断创新教学模式与教学内容，充分发挥英语教师的作用，重新定位与规划英语教学在职业院校教育中的位置，才能实现职业院校的教学目标，提高整体教学水平与质量，进而促进学生全面发展，培养出更多符合社会发展需要的优秀人才。

第二节　多媒体环境下职业院校英语教学

多媒体技术在教学实践中发展迅速，但是也存在一定的问题，对过往的经验要进行充分的吸收与汲取。职业院校更要审时度势、因势利导，做出积极的改变，以应对当前社会形势的变化。因此，本节立足于实践所需，对多媒体技术的教学价值进行充分的调查和分析，提出教学过程中如何将多媒体技术作用更高效地发挥出来的解决思路，利用多元化的教学模式打破传统单一的格局，为现代教学注入新的活力。

信息化时代的到来给社会生活的方方面面都带来了一定的影响，对英语教学更是产生了重要的推动作用。信息化技术和英语教学的良好融合为提高教学质量、改善教学效果提供了重要的条件和保障，英语教学在时代发展的推动之下与信息时代高度结合，多媒体技术在课堂教学上也占据着一席之地，学生在这种情况之下也获得了更多的知识与技能。

一、职业院校英语教学中多媒体应用的主要意义

学生在多媒体教学中能够获得更多的趣味性，也就能更加积极地投入学习中去，提升学习的自主性和主动性，这对提升学生的创造性也是非常有帮助的。职业院校的学生在英语学习上存在较大的困难，甚至部分学生基础知识上也不具有优势，学习方法上也有欠缺，因此，传统的教学方式和教学内容对这样的学生来说，优势有限，难以对学生的学习有质的提升。然后，多媒体技术因其强大的优势能够有效弥补这一弱势，利用自身的强大功能对学生的学习进行积极的影响和推动。比如，多媒体技术能够激发学生的学习兴趣，使学生具有强烈的学习动机，同时在创设学习氛围方面也具有重要作用。多媒体技术相对于传统教学方式来说，具有多样化的特点，能为学生带来新的教学体验，学生在这种体验中能够更加深入和直接地接触知识内容，更能在学习和生活之间建立和谐的联系，同时学生也能通过多媒体技术了解更多的知识，并以多种形式接受知识，情境性更强，学生的印象也会更加深刻。

此外，在培养和提升学生思维能力和分析能力上，多媒体技术同样具有优势和价值。

多媒体技术让学生获取知识的范围不再局限于课堂和书本上，它能帮助学生开阔视野，让学生更方便交流和学习，英语更是一门需要说的学科，学生通过多媒体技术能够实现无障碍交流，培养学生的口语表达能力。

二、多媒体环境下职业院校英语教学现状

多媒体技术对现代英语教学是非常重要的，其发展会因多种因素的影响出现一些问题。如果不能妥善解决这些问题，多媒体技术对英语教学的推动作用将会大大降低。

学生学习英语的积极性不高。职业院校学生的学习成绩和学习能力与本科院校学生相比存在一定的差距，其中，英语更是众多学生的难点。英语是世界上使用最广的语言，学好英语不仅是自身能力的提升，更是为适应社会形势变化而做出的积极改变。当前，国际形势千变万化，在变化之中也产生了众多的发展机遇，只有提高自身能力才能更好地抓住机遇，将挑战转化为机遇，提升实际竞争力。但是，就目前的情况来看，很多学生由于基础知识不牢固，对英语学习没有兴趣，学习积极性有待提升。

多媒体技术应用不科学。现代教学对英语教学提出了更高的要求和目标，这对师生来说都是一个不小的挑战，因此，多媒体技术也应该顺势而变，师生更要与多媒体技术良好融合，转变观念和思想，积极地改进自我和多媒体技术。

英语教学本末倒置。积极的教学观念能为教师提供更多的指导和帮助，对教师的教育教学起到一个导向和激励作用，如果教师的教学观念还停留在传统阶段，无法根据形势变化而做出改变，则不仅不能提高教学质量，反而会压制学生的发展。

三、多媒体环境下加强职业学校英语教学的对策

科学的策略能够起到事半功倍的效果，因此，职业院校的英语教学更是需要科学策略的支持。

（一）职业院校英语教学多媒体应用要点

掌握多媒体技术的要点和关键之处，能够更好地发挥多媒体技术的价值和作用，这对于提高教学质量，改善教学体验是非常重要的。学生是课堂的中心，更是学习的中心，是学习和课堂的主体，教师不可本末倒置，将学生的地位置于底层，因此，教师在运用多媒体技术时不可一味使用，而应该以学生为本，以激发学生的兴趣和主动性为关键，而不是简单地运用多媒体技术。学生是本，多媒体技术只是一个辅助性的工具而已，多媒体技术可以运用其他技术来代替，但是学生是不可替代的。教师应该谨记这一点。

（二）注重多媒体课堂演示

传统教学多是单一、单向的，因此，多媒体教学应该着重注意这点，努力为学生提供多种形式的教学方式，为学生带来更多的学习体验。因此，多媒体教学中，教师可以多种

形式的教学方式展开课堂，以音频、图片、文档等形式呈现教学内容，不再以单一静态的形式呈现知识，让学生更易于理解和接受知识。同时，教师在教育教学过程中，应该重视对学生思维能力和分析能力的培养与发展，开拓学生的视野，让学生看到课本之外的天地。

（三）注重多媒体相互结合模式的应用

相互结合模式在多媒体教学中是不可缺少的，相互结合模式不仅强调知识内容与多媒体技术的结合，更强调师生之间的交流与协作，师生之间只有形成良好的和谐的师生关系，营造出积极的学习氛围，学生才能更好地学习。因此，教师应该着重了解学生的知识情况和性格特点，对学生进行不同的分组或者建立网络沟通群，让学生在小群体中合作解决教师交给的学习任务，在解决学习任务的同时更能获得其他能力的培养，如集体意识和团队精神。在合作学习中，学生之间可实现积极的交流与沟通，学生的积极性能够在其他学生的影响之下得到激发和提升，从而更加积极地投入到问题解决之中。

（四）设计科学多媒体课件

学生的兴趣是促使学生保持积极性的重要条件，也是最稳定的一个内在因素，如何更好地激发学生的积极性成为众多教师难以解决的困难之一。因此，教师务必要对学生的认知水平和认知差异进行充分的了解和细致的分析，掌握学生的优势与弱点，帮助学生完善认知结构，针对学生的实际情况做出正确的教学设计，让学生在教育教学实践过程中真正获得提升与进步。

第三节　职业院校英语教学的实用性

为了适应时代的发展和变化，社会对职业院校的办学目标提出了新的挑战，应用型人才的培养成为院校的首要任务。本节将围绕职业院校英语教学实用性的提高策略进行简要的研究与分析，并结合自身多年的教学经验提出一些自己的看法和建议，以期对提高英语教学的实用性有所助益。

随着当今社会的发展，全球化的加速，英语学习显得尤为重要。众所周知，职业院校的英语教学重点是根据国家和社会的需求来培养应用型和实用性的人才，旨在满足国家和社会对人才的需求。所以，在职校英语教学中，教师不仅要注重教给学生所必须学习的理论知识和技能，还要注重英语教学的实用性。下面，笔者就以职业院校英语教学的现状为出发点，谈一谈提高职校英语教学的实用性。

首先，由于受就业环境等内外因素的影响，大部分学校都比较重视学生关于理科类的课程学习，学生自身也专注于专业的学习和实践，所以，学校和学生都忽视了实用英语的"教"与"学"。其次，有很多学校还制定了毕业要求，即拿到英语等级证书才能毕业，所以，学生更加重视英语的理论学习而忽略实用英语的学习。再次，职业院校的生源质量相对较低。由于部分学生在初中或者技校根本不学习英语，因此，职校学生的英语基础比较薄弱。加上处于这一阶段的学生存在很多不确定因素，如智力、情感、性格以及语言等，就导致职校学生的英语水平具有很大的层次性。最后，缺乏具有专业性强的英语教师。职校英语教学的关键是根据不同的需求开展不同的教学，以培养不同类型和不同层次的学生。基于此，职校教师就要坚持不懈地在实践教学中进行教学方法的尝试和研究，以探讨出适合职校学生学好实用英语的方法。

一、加强英语知识文化背景的渗透

语言是在一定的社会环境中产生的，不同的社会环境会带来不同的文化因素，这也是学生英语水平具有差异性的原因之一。因此，职校英语的教学不能仅局限于单词、句型、语法和阅读等，而应该注重在这些单词、句型、语法中一些文化背景知识的融入。这些背景知识的渗透，不仅是教学大纲的要求，更是社会和国家对应用型人才的要求。当然，也是学生树立良好的文化意识的要求。文化背景知识的融入，能够加深学生对英语国家的文化气息和意识形态的理解，既拓展了学生的知识面和视野，提高了学生的学习兴趣，又增强了英语学习的实用性，提升了学生的学习能力和运用能力。

二、转变传统的教学观念

传统的教学模式根深蒂固，但是，随着新课标的不断推进，学校和教师应该跟上时代的步伐，转变教学思想，把"以教师为中心的教育观念"转变成"以学生为中心的教学观念"，揣摩学生的好奇心理，适应学生的学习需求，创新教学方法，增加课堂亮点，活跃课堂氛围，抓住学生的兴奋点和好奇点，把 thinking play 教学方法运用得恰到好处，让英语成为一种了解学生专业和领域发展趋势的工具，以更好地激发学生的学习兴趣，提高学生的学习质量和效率。

三、加强网络和多媒体教学设备的运用

新事物既然拥有足够的发展空间，并能受到人们的青睐，它一定有着自身的独特优势，网络和多媒体也不例外。网络与多媒体能够在当今社会和教学中取得地位，主要是与其他的教学工具相比，它在教学中有着独特的优势：一是跨越了时空的限制。以前只能从书本中查阅资料解决问题，现在只要在有网络的地方，学生就能通过网络及时与老师、同学进行交流，大大地提高了学生的学习效率。网络式的教学方法突破了学校和教室对学生学习空间的限制，弥补了传统课堂教学的不足与缺陷，这对培养学生的学习兴趣和自主学习性十分有利。二是加强了师生交流。在传统的课堂教学中，师生见面的时间是一节课四十五分钟，而师生交流对话的时间也就几分钟，致使学生开口表达自己想法的机会和时间非常少。所以，针对这个情况，学生就可以通过网络与教师进行交流和探讨，既能节省课堂时间，

又能够拉近师生间的情感距离，还能有效实现课堂教学具体性和生动性的有效统一。三是丰富了学习资源。众所周知，多媒体教学是一种兼具声色效果的教学模式，它既可以展示图形，又可以播放视频和音频，其中的学习资源也是多不胜数。那么，学生就可以通过多媒体有选择性地挑选适合自己的学习资源，丰富自己学习英语语言的途径，从而更好地满足自己对英语知识的需求。基于以上三点，笔者认为，加强网络和多媒体教学设备的运用是提高英语教学实用性和学生学习主动性的重要手段，是推动职校英语教学改革的重要推手。

四、加快职校英语教科书的改革步伐

书本是任何一个学科学习的基础。因此，在实用英语的实际教学中，教师一定要合理利用书本内容，将教育教学与专业教材进行完美结合，为提高英语教学的质量提供重要保证。目前职校英语教材中的文章内容，已经不符合现今国家和社会对教育的发展要求和人才的培养要求了，教材编写中的"知识不全面、专业针对性差"等问题也已经成为教师进行专业英语教学的重大阻碍。因此，职业院校的专业教师有必要重新搜集资料，重新编排课本教材。一定要精挑细选文章内容，以符合学生学习英语的心理特点；一定要与时俱进，以适应时代的需求；通过有效的英语教学来训练和培养学生的英语综合能力，尤其是口语表达能力，对此，教师就可以增加学生的口语培训和情景模拟对话的次数，更加丰富口语阅读的体裁（如日常交流、信件、广告等），使学生在掌握一些基本知识的基础上也能够了解一些课外知识，这对提高英语的实用性大有裨益。

随着社会对人才的要求越来越高，应用型人才的需求量也逐渐提升。所以，职业院校一定要改变现在英语教学中的弊端，充分运用文中的四条方法和策略，以达到提高职校英语教学实用性的效果，进而达到提高整个职校英语教学水平的目的。

第四节　职业院校英语教学中的文化传递

受高等职业教育产教融合、校企合作、"技能＋学历＋就业"模式的影响，英语课堂教学也区别于本科院校，教学更强调实践性和实用性，但是随着"一带一路"倡议的发展和深化，对人们文化交际能力的要求也在不断提高。目前，高职院校英语课堂教学在文化教育这方面相对比较薄弱。学生在具备实践能力的同时，文化知识相对欠缺。因此，本节将重点探讨如何在英语课堂教学中引入文化知识教育。

随着我国经济的发展和"一带一路"建设的深化，以及国家加快发展现代职业教育步伐和企业对专业人才需求的不断扩大，高等职业教育进入历史最好时期。高职院校英语教师在进行课堂教学时，应遵循高职人才培养特点，凸显英语的实践性和实用性。随着教学模式的转变，教师更加注重知识的实用性，课堂所学与学生专业息息相关，侧重锻炼和提升学生的实践能力。但是，由于实践性的强化，学生在文化知识方面的掌握显得尤为薄弱。教师在背景文化导入或欧美文化与中国文化对比时，学生相关的背景知识寥寥无几。笔者认为，在提高学生实践性的同时，传递文化知识也不可忽略。

高等职业院校英语教学时间短，以四川护理职业学院为例子，英语教学采取的是公共英语和专业英语相结合的两年制模式。大学一年级学生进行公共英语基础课程学习，大学二年级学生结合自身专业选修行业英语。无论是公共英语课程还是专业英语课程，考核方式都是实践考核与考试考核相结合，即注重学生的实践能力和基本词汇、语法掌握能力，过分强调学生实际能力的培养。但当英语课堂教学涉及文化知识和跨文化交际时，学生知之甚少，甚至全然不知。语言学习背后承载的文化传递，在英语课堂中相对处于被忽略的位置。尽管近几年高职院校课堂教学模式有所转变，但高职的英语课堂受传统教学模式的影响，仍然将主要精力用于语言知识的讲解，词汇的延伸上。学生进入大学，也以通过大学英语四、六级为目标，加之很多学生学习自主性较差，并不会积极主动扩展文化和进行跨文化知识的学习。尽管社会对专业人才的需求不断增强，但各行各业也逐渐强调人的综合与全面发展。以四川护理职业学院为例，将来工作岗位，除了要求过硬的专业知识，也需要学生具备丰富的跨文化知识。跨文化护理需要根据护理对象三观、宗教信仰、生活方式的不同等采用个性化的护理方式，以满足不同文化背景下病人健康需求的活动。

护理毕业生就业市场的竞争，实际上是能力与素质的综合竞争。在对护理学生培养的过程中，注重学生的全面发展和全面提高，以此来提升学生的就业竞争力。以四川护理职业学院为例，在培养一般护理毕业生的同时，发展学院特色，积极开展海外就业项目班招生，如中日项目、中德项目。而这样具备双语能力和跨文化交际能力的护理毕业生越来越受用人单位的青睐，而学生也能通过海外就业，学习先进专业知识，不断提升自身市场竞争力。

一、语言和文化的关系

语言是文化的载体，承载了不同国家和民族的文化行为与习惯，所含文化底蕴极其丰富，只有了解该国语言才有可能成功进行跨文化交际。而英语是国际语言，护理学院学生只有具备一定英语水平，并通过课堂文化知识的学习，了解异国他乡文化、风俗禁忌，才能更好地胜任岗位工作，但"语法习得和文化习得往往是两回事，没有必要的联系"。这要求英语教师走出纯粹传递词汇、语法、句法及篇章这样的枯燥和极端误区。在语言的讲解中，有意识地传递中西文化和思维的差异，更好地帮助学生学习英语语言，从而进一步提高学生英语水平，提升学生的就业竞争力。

二、跨文化知识传递的必要性

语言教学在某种程度上就是文化教学，之所以强调文化教学是因为"文化教学始终存在于外语学习的背后"。课堂教学上，教师侧重于语言沟通能力的提升，而忽视语言背后承载的文化背景知识，反而更容易造成沟通障碍。对于中英思维差异而言，思维的差异，导致了语言表达的不同。学生不了解英式思维和文化，在进行语句理解或者沟通交流时，会以中式思维为基准进行考虑，进而出现中式英语现象。而在大学英语教学中，许多文章背后都传递了大量的历史、文化、政治等背景知识。以高等教育出版社出版的职业教育规划教材《实用英语综合教程 1》Unit 2 The First American Music 为例，其向学生展示了美国音乐的发展历史，其间不断穿插美国本土和其他国家的人对音乐的融合，同时又向学生讲述了宗教对音乐的影响。因此，英语课堂教学中，语言知识是基础，而文化背景知识的引入也不可忽略，学生只有在了解不同文化差异的前提之下，才能提高自身的英语交际能力，使得跨文化交际活动非常顺畅地进行下去。学生将来在工作场所接触外籍患者时，跨文化知识在英语课堂奠定的基础将非常有用。教师在教学课堂中有意识地引入文化背景知识，也会使原本枯燥的纯语言讲解课堂变得有趣、生动。从宏观悟透语言的本质，将语言深入文化，学生就自然学会用外语思考，形成正确的思维方式。英语课堂教学中，语言与文化互相促进，学生不再觉得语言类课程仅仅是对单词的死记硬背和机械模仿，文化背景的形象说明，既可以提高学生的英语学习兴趣，又可以促进学生英语水平的提高。

三、文化知识在课堂中的落实

语言与文化相辅相成，英语的学习不能人为割裂两者的关系。教师在进行模块化教学，尤其是文章阅读时，应该在课前进行文化背景知识的导入，向学生介绍语言背后所涉及的文化。有意识地补充文化背景知识，有利于学生对文章的理解，同时也会让学生在语言学习过程中化被动为主动，习得相关的文化知识。教师在课堂教学中有时虽会有意识地进行文化背景知识引入，但教师文化知识讲解更多地倾向于西方文化或他国文化。但语言交流是一个双向的过程，其所要传递的文化知识，不仅有跨文化知识，中国文化也不容忽视。学生在课堂中了解西方文化知识的同时，也需时刻谨记，中国文化也需要进行输出，也有义务让他国了解并尊重中国文化，只有双方相互了解，相互尊重，跨文化才会成功。同样以《实用英语综合教程 1》Unit 2 Text A：The First American Music 为例，教师新课的导入，可让学生以小组为单位，鼓励学生搜集相关外国音乐、乐器和宗教背景文化。同时，教师设置相关场景模式，如果你是位海外交流音乐学者，你会如何进行文化沟通与交流？学生在沟通交流中自然而然会充当文化使者的角色，向外国友人介绍中国的音乐类型、乐器和宗教，有效输出我国文化。中西文化相遇，碰撞出火花，启发学生就文化的异同积极主动思考，由被动接受，变为主动理解和吸收，既增强了课堂教学效果，又提升了学生的文化知识素养。随着信息化课堂教学的大量使用，教师可将有限的课堂教学时间延伸至信息化教学平台。以四川护理职业学院使用的"学习通"信息化平台为例，教师不仅可以将基本课堂知识上传，以便学生利用课余时间进行进一步学习。同时也可上传大量视频、音频、图片，结合这些多媒体，教师可将学习任务让学生分级完成，学生每完成一个等级获得相应学分，真正做到线上与线下双重互补。这样的线上教学，既可充分利用学生的课余时间，也可相应提高学生学习自主性，又丰富英语课堂教学，真正做到让学生在语言的世界里，享受文化的大餐，做个文化底蕴丰富之人。护理作为未来的服务行业，既要求极高的专业性，也要求从业者有爱心与耐心，爱心与耐心的体现就需要从业者全方位考虑患者的文化差异，做一名真正的白衣天使。

高职英语课堂教学不能忽视沟通交流中的文化知识，一旦文化缺少，交流也将真正无疾而终。正如微笑是世界上最好的通行证一样，语言的沟通，实质上是文化之间的碰撞，只有文化能相互理解与尊重，沟通也必将畅通无阻。英语课堂"单凭词汇、语法的学习不足以形成真正的语言交际能力；同样单单了解文化知识也不足以形成跨文化交际能力"。英语课堂教学在进行词汇、语法、篇章结构等技能讲解时，也应向学生传授文化知识，今后学生在处理文化差异时，才能轻松化解。学生在进行外籍病人护理或异国工作时，也能轻松避免文化冲突，真正做到白衣天使般的服务。

第五节　职业院校英语教学中的任务教学法

改革开放以来，我国的经济水平得到了巨大的提高，伴随着社会的不断发展，我国职业院校的教学认知不断提升。当前汉语的影响力不断扩大，但是不可否认的是英语仍然是世界上使用范围最广的语言。职业教育旨在为我国培养大量具备综合素质的职业人才，从而满足社会发展的需要，当前各个岗位均对英语水平提出了较高要求，职业院校需要将学生英语能力的培养作为办学重点，不断探索有效的教学方式。任务型教学法在英语教学中的应用实现了课堂与生活的充分结合，有效提高了英语教学质量。

任务教学法早在20世纪80年代就被提出，教师在课堂教学中，通过科学的设计学习任务，引导学生进行深入的探讨，并充分参与学生的讨论，深入了解学生研究问题、完成任务的过程，总结学生在课堂上完成任务的情况。任务教学法是教学创新的体现，有利于学生积极性的调动，同时学生在完成学习任务、探讨相关问题的过程中自主学习能力得到极大的提升，集体意识也得到一定的培养，为学生毕业后步入社会奠定了良好的基础。

一、职业院校英语教学应用任务教学法的必要性

（一）提升教学质量的必然

任务教学法顾名思义为在英语教学中通过不同的任务引导，使学生在特定时间内将学习任务高质量地完成，提升学生在课堂教学中对英语知识的掌握，提高学习效率。传统的

职业英语教育教学模式僵硬，过于注重单词、阅读理解及大量习题化的知识点，在课堂教学中，通常为机械式的背诵及语法分析，而将职业教育的办学初衷忘却，并且与当前社会岗位需求不符。任务教学法通过将英语课堂教学科学地划分为不同的任务，对学生实践能力给予了高度关注，是英语教学与时俱进的表现，极大地提高了教学质量。

（二）提升学生就业水平的必然

我国社会在飞速发展的过程中，竞争也愈发激烈，随着教育事业的不断发展，我国涌现出了大量的优秀人才，而就业岗位未相应的扩增使得职校学生毕业后面临着巨大的就业压力。企业在招聘人才时通常本着择优录取的原则，这需要学生群体不断磨砺自身素质，提升自身能力，而熟练掌握一门外语将极大地提升学生在求职就业中的竞争力。因此，职业院校针对英语教学需要切实深化改革，充分展现时代风采，深度提升学生的应用英语能力。比如，可以根据学生专业的不同在英语任务教学中设置不同的工作情境，根据职校学生的不同需求采用不同形式的任务教学模式等。

二、职业院校英语教学中任务教学法的应用实践

（一）优化教学准备

任务教学法的教学效果若要充分体现，英语教师在课堂教学前综合多方面因素科学设计教学任务，以此为后续教学活动的开展提供扎实的保障。在教学实践中，英语教师需要统领整个教学阶段，对教学步骤进行详尽的划分，深刻剖析教材内容，结合不同学生的英语水平及个性化特点，制定难易适中、具有较高价值的教学任务，以有效达成英语教学目标。为切实优化教学准备，保证教学任务的科学性，教师需要在教学工作之余，注重对教学素材的搜集，针对特别成功的教学案例，对任务教学法的细节进行完善；同时要对学生予以充分的关注，掌握每位学生的兴趣及特点，在设计任务、选取材料的过程中以学生为出发点，从而充分激发学生的积极性。

（二）细化课堂教学

英语课堂教学的时间有限，要在有限的时间内达成各项教学目标，保证教学质量，英语教师需要合理利用课堂教学的每一分钟，制订详细的教学计划。在充分进行教学准备的前提下，英语教师为学生下发课堂学习任务，为学生留出一定的时间自主阅读，在阅读过程中鼓励学生对不懂的问题积极提问，为学生传授一定的阅读技巧，梳理文章行文思路及整体结构；随后，将学生分为不同的小组，围绕阅读前布置的任务及话题展开充分的讨论，指导学生归纳文章思想，从而形成更深入的理解。对文章相关语法的学习可以采用多种方式进行讲解，提升学生的应用能力，比如可营造学生在生活中常见的场景，启发学生构思可能出现的对话，在对话的过程中不断学习相关语法，这不仅使学生的基本英语技能得到巩固，同时开发了其语言应用能力。

（三）关注课后总结

当课堂教学接近尾声时，英语教师需要引导学生对整节课堂所学内容进行回顾，并在学生积极讨论后选取部分学生发表自身见解，与大家分享学习感受及收获。在学生相互交流的过程中，学生能够对自身所掌握的知识有更深层次的了解，同时通过交流也得以获悉他人学习经验。在此基础上，教师组织学生再次总结所学内容，通过重复的学习与总结，使学生对课堂所学形成深刻的印象，切实使自身英语基础知识及语言应用能力得到提升，能够将所学英语知识切实应用于生活中；同时，通过这一阶段的学习，学生在语言方面的自主探索能力也得以缓慢提升，经过长期的学习与积累，必然由量变转化为质变，使应用英语的能力得到根本性突破，从而为今后的求职、就业奠定扎实的基础。

职业院校英语教学中有效应用任务教学法，通过充分的课前准备、详细的课堂教学及课后的反复总结，有效地提升了职校学生的应用英语能力，但是在认识其优势时，对其局限性仍不可忽视。首先，英语教师在任务教学中，应该意识到大班教学模式增加了其对课堂调控的难度；其次，为达到教学效果，英语教师所设计的教学任务可能在时间有限的课堂教学中难以充分完成；最后，任务教学法充分尊重了学生的地位，教师扮演着指导性角色，但是在实际的大班教学中教师往往难以针对学生的意见一一进行指导。因此，任务教学法并非完全适用于英语教学的任何环节，需要教师根据不同教学内容合理采取教学方法，真正提升学生英语能力。

第六节　职业院校英语教学有效性

随着我国新课改的深入发展，教育模式与教学理念均有所创新与变革，在提升教育综合水平的同时，可以有效培养学生的综合素养。本节基于职业院校英语教学有效性进行思考，以期为推动职业教育良性发展提供行之有效的理论参考依据。

职业院校作为向社会输送专业人才的重要教育场所，其教育水平受到了社会各界的广泛关注，职业院校英语教学作为可有效提升学生综合素养的教育形式，期许通过教学模式创新变革，提升教育有效性，凸显英语教育综合实践价值。基于此，为了使我国职业院校英语教学更具有效性，思考教育创新变革模式显得尤为重要。

一、秉持以人为本教育方略实现教学有效性

传统职业院校的英语教学模式之所以存在诸多不足，其较为突出的核心问题，在于教师以自身为课堂教学主体，不注重学生对课堂教学内容的反馈情况，单纯依照教学大纲，落实书本知识，使学生在枯燥乏味的英语课堂上，无法体会英语学习的乐趣，逐渐沦为课堂"从属者"，使师生之间得不到高效交互，降低了英语教学的综合质量，弱化了英语教

学的有效性。由此，随着新课改的深入发展，职业院校英语教师应秉持与时俱进原则，将学生放在教育主体地位上，以学生英语学习需求为出发点，灵活落实教学内容，使学生在英语课堂上，感受英语学习乐趣，在乐趣导向下，深入展开自主学习，使职业教育更具有效性，实现提升学生综合素养的教育目标。

二、通过信息技术教学法实现教学有效性

随着我国科学技术不断发展，信息技术已然成为提升教学综合水平的有效形式，信息技术在教学创新过程中发挥着"载体"作用，赋予教学内容丰富多变的表现形式，转变传统英语课堂系统知识"平面性"、无法与学生实现高效交互的旧模式，有利于激发学生英语学习积极性，提升英语课堂教学综合质量。基于此，职业院校英语教师应树立信息技术教育创新意识，在教学内容与学生学习需求之间，构建信息技术教育创新桥梁，使学生通过信息技术，可以走进英语知识的殿堂，提升自身综合素养。例如，教师在引导学生进行"Future Imagination"的英语写作练习时，为了激发学生英语写作积极性，教师可以在写作开始前，利用信息技术，向学生播放一些未来题材的优质影片，如《超时空接触》《时空传输者》等，这些影片在学生群体中具有一定知名度，可以提高学生英语写作学习专注度，提升自主学习效率，激发学生英语写作灵感，使职业院校英语教学更具有效性。只有学生愿意开动脑筋，思考英语写作落实方略，才可以积极调动英语知识，为完善英语写作内容，开展自主探究，搜集并整合写作资源，使学习效率在有效提升的同时，达到提升学生综合素养的目的。

三、通过任务驱动教学法实现教学有效性

任务驱动法是引导学生开展自主学习的创新型教学模式，英语教师在课堂教学开始时，向学生指出本节课程教学重点，确保学生自主学习进程科学高效，符合英语课堂的教育需求。例如，教师在进行"Funny English"的教学时，应在课程开始前，向学生提出几个问题，如"你认为英语学习乐趣存在于哪些环节""如若你认为英语学习不存在乐趣，请说出你理想中的英语教学应是怎样的"。通过问题引导学生开展高效思考，以问题为导向，落实任务驱动教学法，实现学生开展自主学习目的，赋予课堂教学无限生机，通过本节课程学习，教师可以深入了解学生学习的心理，明确教学课程开展方向，使课堂教学更具有效性。其中，通过任务驱动法指引学生进行自主学习的过程，也是培养学生分析、理解、总结、创新等能力的过程，使职业院校英语教育可以有效达到提升学生综合素养的教育目的。

四、通过情境教学模式实现教学有效性

情境教学模式是指教师依照英语教学内容，以学生英语学习需求、个性、英语综合能力为出发点，将平面的书本知识，以立体化场景表现出来，引导学生积极参与到情境教学

模式中。通过寓教于乐的实践形式，体会英语学习乐趣，提升英语学习积极性，进而展开有效思考，得出教学疑问，教师以学生在情境教学模式中做出的真实反馈为核心，构建高效课堂，以便英语教学内容始终围绕学生学习需求，使课堂教学更具价值。例如，教师在引导学生进行"Self introduction"练习时，可以将课堂营造为老师的生日派对，为了凸显情境教学模式的趣味性，教师可以鼓励学生制作并佩戴面具，让学生通过自我介绍猜测对方名字，使学生更好地参与到教学实践过程中，教师针对学生在情境教学模式中的实践反馈，思考教学内容落实方略，符合学生个性化学习需求，赋予高职英语课堂有效性。

综上所述，职业院校英语教学作为有效提升高职学生综合素养的教育学科，教师应秉持以人为本原则，加之创新型教育模式，实现高效师生交互，凸显教育有效性，实现培育优质人才的教育目标。

第七节　职业院校英语教学与翻转课堂教学

随着全球化的发展，我国对外交流更加频繁，英语也成为对外贸易和对外交流的必备语言。因此，我国更加重视对学生英语知识的培训。对职业院校的英语教学也是我们密切关注的重要部分。通过不断的创新教学方法，引导学生主动学习，提高他们学习英语的积极性和自学能力。本节通过对职业院校英语教学引入翻转课堂教学模式展开讨论，希望能够通过翻转课堂的引入找到对职业院校学生学习英语有效的方法，提高学生的英语水平。

一、什么是翻转课堂

翻转课堂是于 2007 年美国一所高中的乔纳森老师和亚伦老师创立的一种新型的教学模式。该教学模式是教师通过录制教学视频来让学生自主学习。学生在家的时候观看教学视频，课堂上向老师请教在自主学习过程中遇到的问题，老师帮助解决他们提出来的问题。学生不再是在课堂上获取知识，知识的获取是在课下自己完成的。课后对知识的巩固则是移到课堂上，由老师帮助学生来完成。学生借助信息技术进行自主学习，极大地提高了学生学习的积极性，有助于学生对知识的吸收。同时，这也要求学生在进行翻转课堂学习时在课下认真观看教学视频，记录自己不会的知识，然后在课堂上向老师请教。

二、翻转课堂在英语教学中的实施办法

（一）课前的预习准备工作

在课前学习阶段老师将教学视频传给学生。学生在课下观看，进行知识的学习，完成老师布置的任务。为在课堂上老师与学生一起解决不懂的问题打下基础。在翻转课堂中，教学视频是学生学习最重要的资源，但许多学生在对着电脑进行学习时很容易注意力不集

中，这要求老师在录制视频时要考虑到提高学生的学习兴趣，尽量采用有趣生动的教学方式进行教学，职业院校的英语老师可以多给学生讲一些英语的小故事或者西方国家的区域文化，激发学生继续看下去的兴趣。另外，教师在录制视频的时候还要考虑到视频的长短问题，过长的视频会让学生产生疲惫的感觉，不愿意继续看下去，过短的视频可能有些知识点概括得不全面或者讲得不够细致，这些都会影响教学效果。在课前的学习中老师要给学生制订学习计划，可以给学生布置一些学习后的小作业，以教学视频为资料，在课堂中对学生进行课前学习的检查。

（二）进行课堂活动的环节

职业院校的学生在课前通过老师提供的 PPT 或者视频进行自主学习，在进行英语的学习时可以运用翻译软件了解书本中出现的生词的意思，进而完成课前的自主预习。这样，课堂中老师就不再需要对课文内容进行翻译，应该更多地将课堂时间运用到学生间的英语交流表达的锻炼之中。英语老师根据课本的知识设计教案，将英语知识与专业知识相结合，让学生将专业知识方面的内容运用到英语学习中，学习所学知识的英语专业术语。在课堂学习中可以采用小组的形式完成老师布置的任务，小组内自行选择一名组长带领小组成员讨论在课前学习中遇到的问题，通过各种方法找到问题的答案，对于小组成员一起讨论后还不能解决的问题则有小组长记录下来交给老师，老师再统一对所提出问题进行讲解。

（三）课堂的成果展示

在各小组讨论学习后还要以小组的形式上讲台展示自己小组的英语学习成果，小组可以进行模拟情境对话，将课本上的英文对话在课堂上展示出来；还可以做一下口头的描述，讲述自己学到了什么知识以及在学习过程中的收获；也可以将小组在课下采集的资料制成一个视频或者 PPT 展示出来。通过课堂成果的展示让学生不仅看到了自己小组的学习情况，也学习了其他小组优秀的学习办法，还可以看到自己小组没有注意到的一些问题，且小组之间有求胜心理，都希望展示更好的一面，这样就极大地调动了学生学习的积极性。

（四）补缺与反馈评价

在进行课前预习、设定课堂环节以及课堂成果展示之后，老师还要根据小组的反馈以及小组成果展示，找到学生仍然没有解决的问题或者存在的问题，及时解决学生的问题，纠正学生的错误，让学生学会反思自己学习中存在的问题，以此来加深学生对英语知识的学习。有的学生英语基础差，不愿意学习英语，对于这些跟不上小组进程的学生，老师要多关心他们一下，激发他们学习英语的兴趣，教师可以亲自进行辅导，帮助他们进行英语的学习。

三、在职业院校英语教学中采用翻转课堂的重要意义

为了适应社会的发展，满足各个行业对技术人才的需要，培养出有较高技能水平的一

线技能劳动者，我国建立了培养技术型人才的职业院校。在传统职业院校教学过程中只要能完成相应的技术课程，看得懂生产技术图纸就可以了，并不重视对英语的教育。随着经济全球化的到来，国家不断地强调对外贸易和交流，提倡企业要"走出去"。因此，企业就对人才提出了新的要求，即具备一定的交流能力。于是，职业院校就开展了英语课程。

　　职业院校的学生英语基础差，且对英语的学习几乎没有兴趣，这就给职业院校英语的教学带来了巨大的挑战。随着翻转课堂的提出，打破了课堂教学的局限性，这种教学模式应用于喜欢与网络打交道的年轻人，极大地吸引了学生的注意力，他们会对这种新鲜的教学方式产生兴趣，主动地进行英语知识的学习。学生进行课堂情境学习，可以快速地提高他们的交流能力，提升口语水平。

四、在职业院校英语教学中采用翻转课堂应该注意的问题

（一）翻转课堂对老师的高要求

　　在传统教学中，老师只要课前备好教案，提前顺一遍要讲的知识就可以了。在职业院校英语教学中采用翻转课堂要求老师在前期备课时投入大量的时间和精力，掌握各种新的课堂教学手段，尽可能多地为学生准备一些学习资源。老师提前录制教学视频，在网上寻找各种教学资料以及运用微课教学。这些教学模式都需要老师具备一定的信息技术素养，并要求老师对课本知识有一个全面系统的掌握。老师在课前已经将知识传递给学生，因此，在课堂上就不需要再进行大量的知识讲解，老师更多地应该设计一些新奇的教学互动模式，对课堂充分地把控，引导学生进行英语学习，这也是对老师的极大考验。

（二）翻转课堂随学校教育资源投入的高要求

　　翻转课堂随学校教育资源投入的高要求，是指用学校的硬件来支持翻转课堂的教学模式，翻转课堂的教学模式不同于传统教学，它要求学校的硬件设施建设得更加完善，无论是教案的设计、视频以及 PPT 的制作，还是课堂的互动环节都需要电子设施的支持。这就要求学校加强图书以及网络资料的建设，为教学工作的顺利完成提供保障。翻转课堂这种教学模式一般只适用于 40 个左右的学生进行课堂学习，对于那些大的班级并不适用，人数过多老师不能将所有学生都兼顾，若在大班级中运用翻转课堂教学模式会起到适得其反的效果。

（三）学生学习能力培养的问题

　　在翻转课堂中首先要学生在课前进行自主学习，学生的课前自主学习是翻转课堂教学模式的重要组成部分之一，学生的课前学习是通过视频学习来完成的，这就要求学生具备极大的自觉性，若学生不能进行自我的监督与管理，在课前不学习视频知识或者在学习时没有做到注意力集中，那么后面的一系列学习都将无法进行。在课堂上与老师一起解决相关问题的时候，学生要有发散性的思维，并且要学会进行团队合作，还要勇敢地展示自己，

这些都是学生在翻转课堂中得以锻炼的能力。对于一些注意力不集中、学习态度差的学生，老师应给予他们正确的指引，帮助他们完成自主学习。

（四）实行翻转课堂的课前和上课时间的管理问题

在实行翻转课堂的课前时间管理中主要是学生发挥自己的主导作用，在课前合理地安排好自己的时间，在下节课上课之前将老师布置的学习任务保质保量地完成好；实行翻转课堂的上课时间的管理主要是由老师来进行安排，老师要在课堂上解决学生提出来的问题，还要合理规划上课时间，让学生多做一些英语口语交流练习，并在课堂中完成对学生学习成果的检测，合理运用课堂时间，尽量用最少的时间完成最多的学习任务，高效地帮助学生提高他们的英语水平。

（五）学校创新课堂教学的评价模式

此外，在实行翻转课堂教学模式的同时还要学校对课堂教学的评价模式进行创新改革，若继续使用传统教学评价模式将不利于教学效果评价，翻转课堂不同于传统教学，传统教学注重的是教学的结果，只会以成绩作为衡量学生学习成果的标准，而在翻转课堂教学中，更加注重将学习结果与学习过程结合起来，综合地对学生的学习成果进行评价。在改革教学评价模式时，要注意重视学生的课堂参与度和积极性，将对学生语法和单词的考评改成对学生实际交流能力的测评，改变以往机械记忆的学习方法。

由上文可以看出将翻转课堂教学模式引入职业院校英语教学过程中对学生的英语学习有很大的促进作用，在教学过程中创新课堂教学的评价模式、引进更多的设备为教学提供保障、老师要提前做好预习准备工作、学生也要提高自己的学习能力，通过这些措施保证翻转课堂的顺利实行，提高学生的综合英语水平，帮助老师找到最适合职业学院学生学习的教学方式，不断激发学生学习的积极性，促使他们自觉地学习。

第二章　高职英语教学现状

第一节　高职英语课堂教学模式

一、互联网环境下的高职英语课堂教学模式

互联网的快速发展，将全世界变成了地球村。原来象牙塔里的学生远离现实社会就像俗话说的"两耳不闻窗外事，一心只读眼前书"，人际关系、思想都比较简单。可是 3G 时代的到来，彻底地改变甚至是颠覆了原来的大学生生活。在宽带和技术的支持下，我们可以在这个集成许多功能的终端下随时随地通信，下载你需要的资料、上网购物。你的衣服、眼镜、鞋包，任何物件你能看到的都会成为 3G 终端。那作为高职高专院校的大学生，他们的生活是怎样被颠覆的，互联网时代对他们的英语课堂学习是促进了还是阻碍了？下面笔者将从互联网时代当今高职的学生课堂学习的现状以及相应的对策谈起。

学生的现状。据笔者了解，全国高职高专学校与笔者所在学校的情况相似，高职高专学生大部分是来自普通高中的毕业生，一些是职业高中的学生，还有一小部分是中专毕业生。再加上这几年自主招生的诞生，使原本就良莠不齐的学生之间的差距变得更大。同样是普高的学生，通过高考选拔的学生与没经过高考选拔的学生不仅英语基础有差距，对待学习的态度也是大相径庭。尽管在调查学生学习英语的兴趣时，基本上 97% 的学生都认为学习英语是有必要的，但有部分学生的英语世界简直是"一片净土"，他们也希望好好学习英语，希望老师能够从零开始，而这又无法满足成绩较好的学生的需求。除了需求不一致，学生的注意力受外来世界的诱惑也不能集中在课堂上。课堂上他们注意力集中的时间和幼儿专注的时间差不多。大部分学生都把注意力放在了手机上。互联网的发展让信息时代变得无所不能，也让象牙塔里的学生不再只读眼前书，不闻窗外事。他们拿着手机这个小小装置，通过 2G 至 4G 这个终端，在神一样的世界里遨游。打游戏、看视频、网络购物、看小说。上课时间如此，下课更甚。除了必要的吃饭睡觉时间，基本上都离不开互联网的生活。手机让他们坐在宿舍内就可以联系到远在他乡异国的生活，这样的环境又有多少学生能抵挡住手机的诱惑？

英语课程的现状。目前，大部分老师上课还是原始的黑板加粉笔的上课模式，学校资

金不足，不能满足每门课都在现代化的多媒体教室上。落后的英语教学设施，再加上高考英语分值要改革的传闻，本来因资金和着重点的问题对英语教学的重视就有限，现在很多高职高专院校对英语这门学科的态度简直可以用"漠视"来形容，高职英语岌岌可危。本来根据《高职高专教育英语课程基本要求》（以下简称《基本要求》）的需要，高职高专的学生"经过 180~220 学时的教学，使学生掌握一定的基础知识和技能"，而现在学校给高职高专的学生所开设的英语课程最多只有 144 个学时。以笔者所在学校为例，笔者所在学校大一新生除去报名加军训的时间，第一学期上课的时间只有 56 个学时，加上第二学期 72 个学时，共有 128 个学时。建筑以及电子的个别专业只开设了 64 个学时，有些人认为开英语课毫无必要。

我们当中的部分英语老师的教育观念比较落后，对高职英语教学的基本特征以及特殊性认识不足，一味照本宣科，难以满足当前以就业为导向的英语课堂教学。此外，最近几年高职学校学生的人数也在不断增加，大多高职院校依然采用传统的"齐步走"模式，依然按原班级的模式来上课。没有根据学生的基础不同、需求不同，进行因材施教，对症下药。同时由于教师的传统角色未改变，依然是讲课为主、学生为辅的机械式学习方式。根据《基本要求》，高职的学生应该"具有一定的听说读写译的能力，在涉外交际的日常活动和业务活动中进行简单的口头和书面交流"。但是传统的教学模式无法让学生在课堂上进行训练，不能激发学生的兴趣和学习运用语言的能力，不能完成《基本要求》的目标。

学生要学习的教材以及对学生的评价体系也存在问题。有些高职高专院校所使用的英语教材，虽然应用性较强，但是词汇量较大，学生学习起来有困难，容易失去信心和耐心。有些高职类的教材很简单却又不系统，没有逻辑性，很不实用。学生希望教材既实用又贴近生活、容易学。这和《基本要求》中培养应用型人才、结合字典能够翻译阅读，不谋而合。谈及评价体系，传统的评价体系也是"一刀切"，以考试成绩为主，课堂表现为辅。成绩好的学生自然有积极性，可是成绩差的学生就不一样了，他们无论是在课堂上的表现还是卷面成绩都不能尽如人意。

高职英语课堂教学改革的探讨。根据以上提到的目前高职高专英语教学中存在的这些问题，笔者根据自己的教学经验，提出以下几点改革建议。

根据学生基础，实行分层教学。教育部副部长在 2014 年主题为"深化职业教育与继续改革"的会议上提出了职业教育到 2020 年的发展目标，"即建设中国特色世界水平的现代职业教育体系以就业为导向的现代职业教育体系内涵，明确各级各类职业教育的基本定位，打通从中职、专科到研究生的上升通道"。"建设世界水平"的"现代职业教育""从中职、专科到研究生的上升"这都说明了职业教育的发展离不开学习英语。然而，由于学生的基础不同、学生的需求不同，我们的教学目的自然也不能完全相同，"一刀切"的混合模式无法满足当代"以就业为导向的现代职业教育体系"。所以根据学生的基础进行分层教学，高考统招的学生依据他们的高考英语成绩来分层。自主招生的学生，英语组统一出卷，全校再统一考试，依据成绩分层，所有的工作在军训期间完成，不影响他们上课。根据学生的需要除了给他们配套的教材，我们还根据学生的需求，实时地调整我们的教学内容。把学生分为 A、B 两个等级。A 班的学生基本上用全英文教学，学期期间根据学习的进度配有笔试和口语的考核。他们需要参加全国大学生应用英语能力考试，同时鼓励学生参加省大学生英语知识竞赛、学校的口语大赛，组织去听老师的讲座。B 班的学生英语基础相对薄弱，且自控能力比 A 班的学生差，上课禁不住看手机的很多。针对这些情况，我们采取情感投入法，刚开始上课，只用简单的口语，从认识学生开始，与他们做朋友。同时告诉他们上课必须要遵守的纪律，因个人原因用手机玩游戏、看小说的学生，第一次发现必须表演一个节目；第二次再有，手机放在讲台上，下课归还。这样去做，除了个别的学生有抵触心理，大部分还是很高兴接受的，他们都很乐意自己被重视。

光要求纪律是不够的，还要从教学内容、教学方法与教学手段上下功夫，去吸引学生，激发学生学习英语的兴趣。笔者一般会用 PPT 来呈现自己的教学内容，大多是学生感兴趣的娱乐新闻，生词有备注，中间多一些播放的效果，这些都是学生感兴趣的。让他们回答问题的时候会做许多铺垫，他们用短语和词就能回答。同时还鼓励学生自己做老师来讲课，笔者会和他们共同准备需要的内容，给他们增加学习的信心。B 班从零开始学英语，从复习音标开始，伴有阅读，当然内容不能太难，否则会让他们有挫败感。让他们将不认识的生词的音标通过手机查询标注出来，学会阅读。充分利用现代的互联网终端，让它为课堂服务而不是课堂为它服务。

整改教材与师资队伍建设。按《基本要求》要培养"以实用为主，以应用为目的"的应用型人才，英语课程的教学目标是"培养学生的语言应用能力"。培养应用型人才对教材的改革势在必行，也是高职英语课程改革中的一个重要部分。目前大部分高职院校只开设了基础英语，没有专业英语。基础英语是包括听说读写为一体的非常笼统的教材，缺乏科学性和针对性的训练。因此笔者根据教学目标，配合分层教学，将新型教材分为交际教程、应用文写作教程、阅读教程三个系统，并且根据专业将专业英语融入以上三个教程中去。三个教程的知识和训练必须遵循从基础英语向专业英语的过渡，由浅入深循序渐进。

对英语能力要求较高的酒店与导游这样的专业，我们可以增加英语课程的学时，加大交际课堂教学的课时比重，有针对性地加大交际英语的口语训练；对于英语基础较差的学生，需要额外增加阅读这个训练。让外语协会的学生建立互帮互助小组，这样既可以让好的学生帮助差生提高英语水平，对好学生自身学习英语也是一种促进。随着每年新生的实际情况及就业对专业需求的变化，要及时对各专业英语教学内容及计划做相应的调整，保持教学计划和教学内容的科学性和灵活性，使其适应高职教学目标，从而建立一个具有高职特色的，科学、灵活的高职高专英语体系，突出英语教学的专业性。

除了教材的改革，我们还要加强师资队伍的建设。专业英语融入基础英语，这就需要我们的老师具备专业相关的英语知识，建设具有高职特色的"双师型"教师队伍最能满足当前的需求。同时加强师资培训，分批派出我们的老师参加教育部组织的"国培"或"省培"学习，从而成功地完成出色的师资队伍建设。

互联网下评价体系改革。因为传统的评价体系有其自身的不足，在网络环境下的高职英语评价体系需要有所调整。从单一的老师评价到改革后的学生自我评价、学生相互评价、教师评价的多元化评价体系，不仅可以让学生看到老师眼中的自己，还能看到自己和同学心中的自己。这样对学生及时发现自己的缺点不足，调整自己的学习态度和计划会有一定的帮助。同时，这个体系也能自我鉴定、自我约束，从而起到自我完善的作用。这个多元化的体系不仅有对学生的评价体系，还有学生对老师的评价体系，这对老师的教学态度、教学内容、教学效果也是很好的监督，对老师也是很好的促进。

互联网环境下的高职高专英语课堂教学改革，一定要满足高职高专的培养应用型人才的需求。从教学大纲、教学目标、教学内容的制定到实施，都要加强实用性和实践性，注重培养学生实际运用语言的能力，使学生能够进行简单的口头和书面交流。要让学生学以致用，真正地培养出具有中国特色世界水平的现代职业教育体系的应用型人才。

二、教育生态学视域下高职英语课堂教学模式

教育生态学具有一定的客观规律性，通过研究教育与外部环境之间，以及教育与内部结构之间的联系，掌握教育活动的基本规律。教育生态学中的迁移与潜移率是指教育生态系统中的物质流、能量流以及信息流在宏观上表现为径流，并且能够明显地迁移，而在微观之中表现为潜流，具体为不明显的潜移。例如，国家政府向学校单位进行教育拨款为径流，而从学校再下发至系、部、教师个人便从径流演变为潜流，并且在转换的过程中需要人们的知识及能力。教育生态学视域下，高职英语课堂教学模式的创新发展具有重要的教育价值及社会意义。

（一）教育生态学内涵论述

教育生态学的基本内涵。教育生态学是指将教育与生态环境相联系，并以相互之间的关系以及机理作为研究对象的一门现代化的学科。教育生态系统是较大的生态圈，其中大至国家范围的生态系统，或是将教育为中心的各个环境系统。生态学将教育的研究对象分为四个层次，即个体生态、种群生态、群落生态以及生态系统。在教育生态学中，人们将种群生态以及群落生态划分为群体生态，而家庭的社会环境，以及规范环境中对于教育的关系将会表现出明显的特征，因此在教学活动中也可将一个学科作为一个教育系统。教育生态学认为，生态群体的规律性迁入以及迁出是教育生态系统中最为基本的结构规律，同时也是教育事业发展的必经历程，因此在教育生态学的研究中，教育活动主导着思想和计划的变动，因此在教育教学中应注重实践活动的开展。生态教育系统中的良性循环十分重要，其中包括依赖初始教育、成人教育、基础教育等，并且教育系统所依赖的客观环境也是良性循环中的重要组成部分，即社会、经济、人才等。

教育生态学的主要规律。教育生态学中，富集与降衰规律为主要发展规律之一，我国自改革开放以来，在教育活动中借助各种渠道及方式解决教育活动中资金缺少的问题，通

过富集作用能够为学校的教育生态系统带来活力。在教育活动中富集度越高，能力富集的现象会越多，继而造成不同程度的浪费。教育生态的平衡以及失调是教育生态理论中的核心理论，是维护教育生态平衡的重要内容。教育生态平衡的规律需要从根本上把握，教育生态中的问题实质是推动教育事业发展，根据平衡原理对失衡现象进行检测、分析及调节的过程。竞争机制与协同进化是教育生态学中重要的内容，无论是国家或是学校之间，教育生态系统中的群体、个体之间的竞争机制是优胜劣汰，因此在教育中渗透竞争机制是推进竞争者与教育者及受教者持续发展的动力。因此，竞争可以促进教育事业的改革发展，并且使得各个学科之间能够交叉渗透相互影响，继而提高教学活动的质量及水平。

（二）教育生态学视域下高职英语课堂教学现状

教学理念滞后。传统的高职院校英语教学活动中，教学理念存在一定的滞后性，教师的教学目标及教学构思受传统的教学模式影响较深。首先，传统的英语教学模式对学生的英语实践能力及应用能力培养较为缺失，教师更加注重学生的考试成绩。因此，应试教育背景下的教学活动中缺少一定的有效性及实践性，学生在学习活动中缺少主动性和积极性，无法充分发挥主观能动性学习英语知识。教育生态学视域下的高职英语课堂教学模式，将会提高英语课堂教学的质量。其次，教育生态学认为学生对知识的学习呈现演替式规律，即螺旋式上升和波浪式的发展，因此在教学活动中应更多地尊重学生的学习规律即客观学习需求。新时期的社会背景下，高职院校学生具有一定的自我意识及思考能力，因此在知识的学习及选择过程中将会有更多个性化的需求，但传统的英语教学活动中教师的教学理念过于传统和固化，主要以课本中的内容为主，因此学生的客观学习规律与学习需求之间不相协调，继而无法彻底满足高职院校学生的学习需求。

教学模式陈旧。教育生态学视域下的高职英语课堂教学中，教学模式的传统及滞后是影响学生学习兴趣以及教学有效性的重要因素。首先，高职院校的英语教学活动中学生主要处于被动接受知识的地位，并未发挥学生英语知识学习的主观能动性，因此学生在英语知识学习活动中的兴趣和热情较低，学生的英语能力并未完全提升。其次，教育生态学视域下高职英语课堂教学模式应更加注重实践活动及全面性发展，但传统的高职院校英语教学活动缺少学生实践活动的机会及时间，在教学活动中更多的是教师带领学生学习课本中的英语知识，因此高职院校学生的英语应用能力及跨文化交际能力较为欠缺。最后，高职院校英语教学活动缺少个性化的教学理念及教学方式，由于学生的成长环境及学习能力之间存在差距，因此具有普遍性及泛在性的学习内容并不符合所有的高职院校学生。鉴于此，教师在教学活动开展之前应先了解学生的基础能力及学习需求，继而开展具有针对性及合理性的英语教学活动，实现有效的英语教学。

师生关系紧张。教师是教学活动的主导者与组织者，教师的教学能力及教学理念对高职英语教学活动的质量有着极大的影响。教育生态学视域下高职英语课堂教学模式的研究发现，高职院校英语教学活动中教师与学生之间的关系过于紧张，缺少互动与交流，因此教师对学生的了解以及学生对教师的依赖性较低，继而导致英语教学活动的质量及水平有待提升。教育生态学中的群体动力关系理论认为，学习活动中的群体成员之间是相互影响、相互作用的，如权威关系、立群关系和合作关系等，教师在教学活动中是学习群体的一部分，因此教师与学生之间在英语教学课堂上是相互影响的。高职院校的英语教师在保证自身的教学能力及专业素养过关的情况下，与学生进行更多的交流和互动能提升学生的英语学习能力，实现高职英语课堂教学活动的有效性。

（三）高职英语教学的重要性

国家发展的需求。随着经济实力的不断提升及生产技术的不断进步发展，我国在国际上的地位及国际影响力有了巨大的提高；与此同时，与各国之间的经济合作及文化交流更加密切，因此在经济全球化的背景下，进行高职英语教学模式的创新改革有着重要的意义，是我国社会发展的客观需求。首先，高职是我国教育体系中重要的组成部分，是我国社会发展所需人才的主要来源地，现阶段的国际竞争十分激烈，不仅在经济之中有着激烈的竞争和较量，在文化的发展领域，各国之间也有着激烈的竞争，因此我国高职院校应更多地培养学生的英语能力，使得学生在就业岗位中或是日常生活中能够更好地实现中华文化的传播，通过提高我国文化在世界上的地位及影响力，继而促进我国学生及人民群众文化自信的建立。其次，新时期的经济发展中，我国政府提出了"一带一路"倡议，其中"一带一路"涉及的沿线国家相对较多，因此培养高职院校学生的英语能力是发展"一带一路"经济的重要内容，也是其发展对于英语人才的客观需求。

教育改革的需求。高职院校英语教学改革是教育现代化改革的必然要求，同样是实现教育大众化背景下的精英教育的重要内容。首先，知识经济时代，对于人才的质量及能力要求十分严格，因此培养学生能力的前提是提高教学质量。传统的高职英语教学活动存在一定的滞后性，无法切实满足教育现代化发展趋势的需求，因此基于教育生态学的高职英语课堂教学模式改革发展是教育事业现代化的必然要求。其次，随着信息技术及网络平台的普及化发展，人们的生活和学习方式变得更加方便快捷，因此对于教育事业的质量有了更高的要求。教育工作是社会经济及生产力进步发展的基本保障，社会发展与教育事业发展二者之间具有一定的联系。社会经济的发展将促进教育事业的进步；与此同时，教育质量的提高能够为社会经济发展培养优秀的人才。在经济现代化的背景下，教育现代化发展成为必然趋势，因此高职院校英语教学活动在教育生态学的基础上进行创新发展是教育改革的必然要求。

学生发展的要求。社会经济的稳定发展使人们的物质生活得到保障，因此人民群众对于文化产业及教育事业的发展有了更多的关注。国家教育大众化及构建学习型社会的发展战略的提出，使得我国的高等教育工作普及化发展十分迅速，现阶段的高等院校及高职院校中学生的数量逐年增长，因此学生毕业之后面临着严峻的就业形势。在巨大的就业压力下，高职院校应积极进行教育的创新发展，通过提高教学的质量及水平为学生提供高质量的教育，继而提升学生的英语能力，使得学生在市场竞争中具有较强的竞争能力。另外，社会生产力及信息技术的进步推动现代社会不断发展，在互联网时代背景下，高职院校学生是我国社会经济发展的重要人才力量，技术人才的素质及能力是影响我国教育事业进步发展的重要因素。因此，基于信息技术的社会发展趋势及高职院校学生对于社会发展的重要作用，提高高职院校的英语教学质量极为重要。

（四）高职英语教学创新研究

1. 转变教学理念

教育生态学视域下高职英语课堂教学模式的改革创新，英语教育工作者应转变教育理念，坚持以生为本的教育原则，并重视学生实际能力的提升。首先，教师在教学活动中应坚持学生的主体地位，使学生能够充分地融入英语课堂教学活动中，并通过学生主体地位的实现，提高学生的英语学习兴趣及学习质量，实现有效的英语教学活动。其次，高职院校的英语教师在教学活动中应注重学生实践能力及技术能力的提升，在教学活动中更多地结合跨文化交际知识，通过英语礼仪及习俗知识的学习，使学生更加深刻地了解及体验英语知识的趣味性，并更加扎实地掌握英语知识的使用技巧及规律，继而切实提高英语教学的有效性。最后，高职院校的英语教师在教学活动中过于重视教学大纲，忽视了英语个性化的教学活动。因此，教师在教学之前应更多地了解学生的英语基础能力及学习需求，继而制订出具有针对性的学习计划，使得学生在学习的过程中更具科学性和针对性。

2. 创新教学模式

教育生态学视域下高职英语课堂教学模式中，高职英语教师应积极地转变英语教学的方式，更多地使用信息化的教学手段，并将实践性的教学环节融入英语课堂教学中，继而实现有效性的教学，提高学生的英语能力。首先，基于教育生态学的视角研究高职英语课堂教学模式的创新发展，高职英语教师应在教学活动中更多地使用信息化的教学手段，提高课堂教学活动的质量及水平，并且能够充分激发学生的学习兴趣及学习热情，使得学生在学习活动中更加积极和主动，充分发挥主观能动性。例如，教师可以利用蓝墨云、课堂派等软件提高学生的英语表述能力、听力能力等，并且图片、视频等可以使教学模式更加形象和生动，能够满足学生的学习需求，适应学生的性格特点。其次，教育生态学视域下高职英语课堂教学模式，应将更多的实践环节及情景教学模式融入英语教学活动中。语言知识的学习仅局限于理论知识，将使得学生无法完全理解和掌握，因此应更多地为学生营造情景及环境，使学生在情景中进行实践练习，实现有效的英语教学活动。

3. 培养师生关系

教育生态学视域下高职英语课堂教学模式中，教师与学生的关系是课堂氛围的主要影响因素，也是教育生态学中较为重要的内容。教育生态学的范围主要包括学校、教室、教学设备等，也包括课程目标的设置、教学评价方式以及家庭中的亲属关系等，甚至师生关系、同学关系乃至学生个人的生活习惯以及心理状态等。首先，教师应该与学生建立良好的师生关系，与学生进行更多的交流和互动，通过互动式的教学环节，使教师更加了解学生的性格特点、学习需求及基础能力，继而更好地制订学习计划，提高学习质量和效率。其次，教育生态学视域下高职英语课堂教学模式中，教师与学生建立良好的平等互动关系将会激发学生的学习兴趣及热情，避免由于教师的权威态度使学生对英语知识的学习产生厌倦情绪，继而影响学生英语知识的学习及能力的提升。

基于教育生态学视域的高职院校教学活动的宏观研究需要掌握四个环节，即生态环境、人力物力、转换过程以及人才输出。新时期的社会背景下，对高职院校的英语教学模式进行创新改革是满足社会现代化发展的需求，为社会主义事业培养人才的重要内容。

三、科学构建高职英语课堂教学模式

《基本要求》强调：高职英语教学应多方面遵循"实用为主，够用为度"的原则，由于部分教师对于专业培养目标以及教学目的不甚了解，拘泥于传统的英语教学观念和方法，视英语为一门独立的学科，单一地教授英语知识，导致学生课堂中的"学"与实际运用中的"用"相脱节。如何科学构建英语课堂教学体系，实现职业教育"能力＋素质"的培养目标，笔者认为可以从以下几个方面着手：

更新教学观念，主动适应职业教育的发展要求。转变教育、教学观念，努力遵循"实用为主，够用为度"的教学目标和原则。教师应发挥自身的主观能动性，研究教学过程，因材施教，因课施教。在制订英语教学计划以及教学目标时，应遵循"实用"的原则，准确地进行教学定位，致力于培养学生的实际语言应用能力，在听、说、读、写、译五个方面全方位提升学生语言实际运用能力，实现学生学以致用的最终目标。

积极改革英语教学，探索符合职业教育规律的教学模式：

注重课堂教学方法的创新，努力提高学生职业素养。为了实现教学目标，提高教学质量，必须改革教学方法和提升教学手段。根据高职院校教学改革的要求，笔者在商务英语专业的实际教学中，结合运用了任务驱动教学法和项目教学法：在教学过程中针对学生所学专业给学生布置任务，要求学生以小组为团队，分配类似实际工作岗位的角色，以任务为中心，相互合作，运用英语的各项技能（听、说、读、写、译）表达和陈述某个专业问题的解决思路和过程。

例如，在讲外贸业务时，笔者就设定某公司要召开其新研发的产品发布会。在布置任务时，设定教师为该产品的项目主管，要求学生承担该产品不同部门的相关职员的角色扮演，将学生所在的各个小组分成不同部门，每个部门需要负责该研发产品的推广工作，包括市场调研、市场细分、产品介绍、广告设计、定价策略、销售渠道等。在课前，各部门学生需要搜集与之相关的信息资料，并在小组内讨论提出合理的推广方案（discussion and design）；课堂上，每组选派一位代表（group leader）就自己组所负责的这部分工作用英文进行陈述（presentation），最后教师在课堂中就专业的技能问题和语言的实际表达问题分别进行总结（summary）。

任务驱动教学法和项目教学法打破了传统的灌输式教学方法，真正实现了学生学习的主导地位，教学过程由原来单一的"师生"互动变为多边的"师生"和"生生"互动。在互动过程中，为了利用英语解决实际问题，学生必须运用各种语言技能来完成任务，从而有效地激发学生学习英语的兴趣，达到良好的教学效果。在交流知识的同时，有利于提升学生的各项综合素质，如团队合作意识和创新思维能力等。

重视每节课的导入，激发学生的学习热情，采用多种教学形式活跃课堂气氛。要想上好一堂课，仅仅明确教学目标，把握好教学重、难点是不够的。如何迅速吸引学生的注意力，引导学生尽快将注意力集中到新课上来，取决于教师导入新课的能力。对于新课导入，好的设计方案要求教师应充分利用青年学生的好奇、好胜心理，同时结合新的语言材料特点因地制宜、因材施教。比如，口语课前，播放一段英语绕口令，让学生竞相模仿并展开比赛；听力课间播放英文歌曲的 MV 以缓解听力紧张与疲劳；听力与会话课前播放一段与本课教学相关的情景视频以启动话题讨论；精读课前可以采用启发式提问、故事导入法、归纳或演绎法等等。多形式的教学方法有利于激发学生积极的学习心态，活跃课堂气氛，但教师也应注意控制好节奏，维持好课堂秩序，真正做到课堂"活而不乱"。

强化学生主体地位。爱因斯坦说过："兴趣是最好的老师。"只有激发学生学习英语的兴趣才能调动他们学习英语的积极性。对于英语水平个体差异较大的高职高专学生来说，如何提高不同层次学生学习英语的兴趣应该成为教学的重中之重。成功的教学不应该是强制的学习，教师应该精心设计教学，突出学生的主体地位，针对不同层次学生设计难易程度不同的任务，创造机会让各层次学生在完成任务的过程中体验语言运用的乐趣，从而激发学生学习英语的兴趣并树立学好英语的信心。

积极创造条件，拓宽学生学习和运用英语的渠道。许多高职院校英语教学仍然是"粉笔＋黑板"的模式，这种"单一化"很大程度上制约了教学质量的提高，影响了学生英语语言应用能力的培养。教师应努力学习现代教学技术，借助现代多媒体教学手段的便利和丰富的网络资源，为学生提供多方位、多形式的学习资源，如观看历届美国总统竞选演讲视频、"希望杯"英语口语大赛视频、原版电影赏析等创造有利的教学环境和语言环境，帮助学生了解东西方文化差异，增强跨文化交际的能力。

现代网络技术发展迅速，通过网络实现师生的双向互动也能取得良好的教学效果。借助 BBS、E-mail、QQ、BLOG 等方式，师生之间、生生之间可进行多形式的语音或文字交流，用于答疑、讨论、布置作业、提交作业、考试等。

加大实训教学比重，强化学生的职业能力。英语是一门实践性很强的学科，包含听、说、读、写、译等多方面能力，这些能力都需要实践训练，这就要求加大实训教学的比重。笔者的做法是：在保持教学计划相对稳定的基础上，按照"新、综、活、实"的要求加大课程改革力度，对课程体系进行优化与整合，构建以学生能力培养为主线的模块课程体系，加大实践教学环节比重，使学生学到的知识、技能真正能满足实际需要。设置课堂实践教学、校外实践及顶岗实习等实践教学课程，提供更多的体验以及应用英语的实践机会给学生。技能训练、任务实施、同步练习等，创设一个学生学习中实践、实践中学习的氛围，有效地结合理论教学和实践教学，进而提高教学质量。

本着提高学生英语综合运用能力为目标，经常组织实训活动，以学生在校生活、社会生活、职业生活为载体，创设鲜活的教学情景，落实"做中学"的人本教育思想。如模拟外企产品发布会，每学期组织学生参加英语口语技能比赛，安排专门的商务英语实训周，指导商务英语专业毕业生进行毕业设计、撰写毕业论文及论文答辩等。

改进传统的考核方法，构建科学的英语评价考核体系。课程的教学安排常常与这门课的评价与考核相关，而英语应用能力是一项综合的实践能力，仅凭一张试卷无法全面地评价一个学生的真实能力，因此，要实现高职英语的教学目标，必须构建科学的评价考核体系。

考核评价的内容多元化。既要对学生的知识、能力与应用技能进行评价，又要对其学习态度、兴趣以及方法是否得当进行评价。

考核评价的主体多元化。不仅有教师为主体，还应让学生参与到评价中来。在学生自评和互评过程中，学生由传统的被动受评者转变为主动的参评者，有利于学生自省以达到正确地认识和评价自我，从而有目标地提高自身学习动力。

考核评价的标准多元化。在课程统一标准的前提下，结合学生个人标准——参照学生自身发展过程的变化，对学生的学习状况做出全面的反馈。同时，学生的实习、实训也应作为考核的一个内容。

考核评价的资格考试多元化。提倡学生参加各种权威的英语资格证书考试，并将其作为评价方式之一，这将有助于学生就业时展示其英语应用能力，从而提高学生的就业竞争力。

第二节　高职英语教育专业课程设置

高职英语教育专业以培养小学、幼儿园英语师资为使命，随着国家义务教育的改革发展，培养方案原有的课程设置已不能满足教学需要，与学生毕业后面临的教职岗位要求有一定的差距，学生就业但不能适应岗位要求的现象普遍存在。为此，有必要对现有的高职英语教育专业课程进行反思，找出问题所在并加以解决，以实现高等职业教育的目的。

一、课程设置的依据

以职业为导向的英语教育专业课程设置既要遵循教师教育的普遍标准，也要符合高职英语专业的教学基本要求，还要与高等职业教育教学改革相适应。只有全面、综合地考量，才能将职业导向的课程改革落到实处，高职高专英语教育专业的课程设置才能有理论和现实依据。

（一）《高等职业学校英语类专业教学标准》

专业教学标准《高等职业学校英语类》是高职院校专业设置、课程开发的顶层设计，是与行业人才标准互通互联的重要文件。2012年教育部正式发布了英语类四个专业的教学标准，包括应用英语、英语教育、商务英语和旅游英语。标准从十个方面进行描述，在课程体系与课程设置方面，标准要求体现英语综合应用能力和行业业务能力的有机结合，体现职业岗位的任职要求，紧贴行业或产业领域的最新发展变化。英语教育专业以培养"小学、幼儿园或培训学校的英语教学工作及其他相关工作岗位"的教师为根本任务，以提高学生语言综合应用能力、相关职业能力为目标，这就需要科学、合理地设置课程，突破传统学科体系和知识框架，把英语综合应用能力与教师业务能力整合起来，强化专业课程的实践性和职业性，构建以培养学生职业能力为主线的课程体系。

（二）《小学教师专业标准》

《小学教师专业标准》是国家对合格小学教师专业素质的基本要求，是小学教师实施教育教学行为的基本规范，是引领小学教师专业发展的基本准则，是培养小学教师的重要依据。《标准》强调，要重视小学教师职业特点，加强专业建设，完善小学教师培养培训方案，科学设置教师教育课程，改革教育教学方式。重视小学教师职业道德教育，重视社会实践和教育实习。小学教师专业标准对职业技能和职业素养都做了详细描述，是高职英语教育专业人才培养的重要参考。针对标准提出的要求进行课程设置并加以有效实施，才能实现人才培养的目标。

二、目前高职英语教育专业课程设置存在的问题

（一）与职业相关的技能课程开设偏少，学生的职业核心能力没有完全体现

目前，高职英语教育专业的课程体系要么沿用1993年颁布的《师范高等专科学校英语教育专业教学大纲》，要么以本科阶段的《高等学校英语专业教学大纲》为参考，课程主要强调英语语言知识和听、说、读、写、译等基本技能，英语教育专业的学生都能通过三年的专业学习，达到一定的知识和技能水平。但是作为一种职业教育，师范性决定了学生还必须具有小学英语教育教学能力。传统的与此相关的课程主要以教育学、心理学和教学法为主，一些院校也开设了英语书写、唱歌等与专业相关的课程，但总体来看，一是没有成体系，更多的是起装饰的作用；二是研究不深，师资和教学设备不能满足。结果就是英语专业的毕业生自己会说英语，但不会教小学英语，对小学英语的教材理解和教法、学法指导一片茫然。

（二）实践课程开设不足，缺乏系统性，学生的职业适应能力没有得到锻炼

英语教育专业的实践课主要分为教育见习和实习两类。教育见习主要安排在学期中，时间大概一周，教育实习是在最后一学期，时间 3 个月左右，这是现在大多数职业院校师范类专业的实践课程安排。实习和见习贯穿了专业学习的整个过程，学生可以将学到的专业知识和小学教学实际联系起来，通过观察、分析和对比，进一步提高职业技能。但从调查的结果来看，学生见习的效果不太好，主要是时间短、频次低、针对性不强。实习期间的教师指导不够，结束时缺少及时的总结和反思。作为实践性很强的英语教育专业，必须要从时间安排、人员配置、阶段目标、考核评价等多方面深入研究实践课程的设置，发挥其在学生职业技能培训中的重要作用。

（三）专业能力拓展课程设置不够，学生的职业可持续发展能力受限

高等职业教育除了使学生适应岗位工作的基本要求外，还要注意培养学生的可持续发展能力和终身学习理念，以提高就业竞争能力。基础教育对教师的知识结构提出了更高要求，不仅具备扎实的专业知识，还要具备广博的多学科知识。但实际情况是英语教育专业学生的知识面狭窄，人文素养有待进一步提高，反映在课程上主要是对英语类的文化课程比如英美文学、英语国家概况等课程不重视，跨学科、跨专业的选修课程开设较少，学生的学习视野受到限制，今后教师职业的发展能力也会受到影响。

三、以职业为导向的英语教育专业课程设置实施路径

（一）确立以人才培养目标为指向的课程体系

专业课程的设置必须以人才培养目标为根本，什么样的人才培养观决定了开设什么样的专业课程。高职英语教育专业是培养具有合理知识结构、扎实专业知识、卓越教学能力的小学教师和边远山区的初中教师。课程设置必须要以人才培养目标为前提，换言之，在研究课程设置之前，先要认真审视高职英语教育专业人才培养目标的定位，才能做到有的放矢。

（二）突出专业技能和职业技能的深度融合

英语教育专业的专业技能主要是指英语听、说、读、写、唱等能力，职业技能是指教师口语、教学技能、课件制作等能力。这两项技能一般都是分开培养，相互交叉的情况不太普遍。但是教师职业岗位需要的正是两者的融合。为此，需要在课程安排上考虑两种技能的联系。比如，有的高职院校开设了英语歌曲与童谣、英语课件制作、小学英语教学法等课程，学生对职业要求的认识进一步加深，职业综合能力得到提高，走上教师岗位后对职业的基本技能要求做到游刃有余。

（三）构建完整的实践课程体系

关于高职英语教育专业实践课程的内涵、结构和规定，还缺少完整的指导性文件，因

而难以体现实践课程在课程设置中的核心地位，其时间安排、基地建设、师徒制度、考核评价等都缺少科学性的规范。高职院校要从实际出发，教育见习以完成阶段性任务为目标，一次见习解决 1~2 个问题，采用"影子跟岗"等方式，使见习见到实效。教育实习要定位到小学和边远山区中学，要把实习和学生的就业岗位紧密联系起来，学生通过顶岗实习，真正熟悉职业岗位的情况，就业后能迅速适应工作岗位，做到轻车熟路。

（四）优化素质拓展类课程

作为语言教师，对语言背后承载的文化必须了解，才能更好地贯彻语言教学的意图。高职英语教育专业要重视英语文化类课程，加强对学生人文、社会科学的教育，拓宽学生知识面。通过必修和选修两种形式开设多种课程，如英美文学欣赏、英语国家概况、英美儿童文学选读、现代汉语、古代文学等等。通过学习，学生逐步积累起两种语言的文化背景、风土人情、价值观念等知识，增加两种文化的对比，进一步提高语用能力，为今后的教师职业岗位积淀，提升职业的可持续发展。

构建以职业为导向的高职英语教育专业课程，要充分体现人才培养目标的要求，要把小学教师标准和英语教育专业教学标准结合起来，建立人才培养的直通道，满足小学英语教师的专业化发展和小学英语教学的时间需要。以职业为导向就是培养职业要求的核心能力，强调职业的实践能力，增强职业的发展能力，实现高职英语教育专业为基础教育服务的功能。

第三节　高职英语人才培养模式

英语热在我国出现已经有一段时间了，专业的英语人才已经积累到了一定的数量。有数据显示，在应届毕业生中，有近 30% 毕业后难以就业的学生来自英语、会计等几个专业。这在极大程度上暴露出英语专业人才培养过程中存在许多的问题，主要表现在，只注重学生的专业能力，却忽视了学生的综合素质，以至于学生空有学识，却难以适应社会。本节希望通过探讨的方式，分析造成这种现象的原因，探究解决这一问题的方法，希望能对今后的英语专业人才培养提供有价值的信息。

一、高职专业英语人才培养模式的现状

在培养适应社会的综合型专业人才方面，高职院校的专业人才培养模式，具有其独特的优势。但目前的情况是，很多高职院校不能够充分地认识到这点，没能够发挥所长，培养适应新时代要求的综合型人才，而是依旧采用传统的应试教育模式。完全发挥不出高职院校的优势和核心竞争力。这种模式下培养出的学生，固然在专业知识方面有其可取之处，但是，这种单一的技能在进入社会之后就会体现出明显的劣势，在学生看来，这就是社会

对英语专业的人才已经缺乏需求的表现。其实不然，社会需求是比较功利的，综合能力的考量是企业选择职员的首要依据，所以出现了目前这种高职专业英语人才刚出校门就失业的困境。

二、高职专业英语专业毕业生社会适应性较差的原因

要分析高职专业英语专业毕业生社会适应性较差的原因，我们需要从多方面入手，大致可分为三个方面：

学生方面。相较而言，高职院校的招生标准要求较低，同时对学生资源的激烈竞争，导致许多高职院校无底线地放宽招生条件，使得招收到的学生素质良莠不齐。而其中的大部分学生，都是在中学阶段学习比较差或者学习能力比较弱的学生，他们对于知识的积累程度相较于普通高校的学生，有一定的差距；换言之，学生的英语底子比较差，并且对学习英语的兴趣不足，甚至是对学习本身存在排斥情绪。同时，相较于普通高校，高职院校的管理比较松散，这也是所有高职院校存在的通病。学生的自主性较差时，这种管理模式，就会导致学生在学习上越来越松懈，更加不会主动进行口语上的锻炼，学习效率非常低下。

学校方面。教育部在《高等学校英语专业英语教学大纲》中指出："面向 21 世纪的外语专业必须从单科的培养模式转向宽口径、应用型、复合型人才的教育培养模式。"同时，其中还就外语教育提出了以下五个方面的不适应性："人才培养模式方面""课程设置和教学内容方面""学生知识结构方面""学生知识结构、能力和素质方面""教学管理方面"。这些高校中普遍存在的问题，在高职院校中更加突出，除了在管理方面，一些教师的心态也存在问题，他们只进行例行公事的讲课，至于学生学不学、学得怎么样，缺乏关心的欲望。这导致课堂上完全失去了学习的氛围，教师和学生形成了相互隔绝的两个群体。

社会方面。"高职院校毕业生"，这一称呼似乎隐隐包含一种贬义，这种偏见有其历史因素，也有社会因素。单从社会方面来讲，社会整体对于高职院校毕业生存在偏见，究其原因是社会或者社会成员，对当今的高职院校毕业生不够了解。同时对高职院校的关注度也完全不够，各种教学资源的获取也极为有限，如教师资源、硬件设施资源、干部资源等。

三、如何提升高职专业英语人才的社会适应性

针对以上三个方面的问题，笔者结合自身教学经验，尝试就学校方面的问题展开探讨，提出一些在教学过程中，以及在校工作中想到的策略。

调整课程安排。在《高等职业教育英语课程教学要求（试行）》中将高职院校公共英语分为两块，分别是基础英语和专业英语。作为致力于培养专业英语人才的教育模式，高职院校教师在课程设置方面要有选择性，适当减少基础课程课时，增加到专业英语方面，使学生将更多精力投入运用性更强的专业英语方面，以提高英语综合能力。同时，在专业英语的学习过程中能够巩固基础英语，也在很大程度上完成了对新知识的学习及应用。实

际教学过程中,可以将基础英语的学习放在第一学期,而之后的学期都用来进行专业英语的学习。

对教材的选择要恰当。对专业英语方向的学生,为他们提供专业性更强,毕业后实用性更高的教材,是极为必要的。教材应该确保难度合适,适用于当前阶段的学生。举个例子,在空乘客服岗位,英语能力占重要位置。高职教育下的空乘专业主要是面向民航运输业的空中和地面服务岗位,培养能够适应行业发展第一线所需的空中乘务、安全员、机场乘客服务等岗位需求的高技能应用型人才。因此,在教材选择上,针对有空乘客服职业选择意向的学生,就要选用涉及空乘人员英语实际应用的教材,帮助其在工作时能够更好地适应工作内容,从而提高其社会适应性。

进行实训教学。要想让学生真正做到学以致用,就要积极锻炼学生的实际应用能力。学校应该投入专项资金,打造实训教学环境,设置不同的情境,为不同专业领域的学生提供实训,主要锻炼其交流沟通能力。同时,通过这样的方式,能够让学生提前感受职场的工作氛围,自行思考在职场中自己可以担当什么样的职位,在一定程度上,让学生在就业选择上少走弯路。

综上所述,高职院校专业英语的人才培养模式,在社会适应性上存在一定的问题。同时,在社会需求发展的带动下,高职院校专业英语教育也存在许多机遇,如何解决这些问题,抓住这些机遇,是当代高职院校教育工作者需要考虑的当务之急。笔者试图对其中的一个小问题提出解决方案,而更多的问题还有待解决,需要广大相关从业者共同努力,从而促进我国教育事业的发展。

第三章　高职英语课堂教学的理论研究

第一节　高职英语课堂教学的有效性

有效的英语课堂教学是满足学生有效学习的前提，是实施素质教育的重要保证。然而分析当前高职院校英语教学现状，却发现高职院校英语教学存在教学低效的问题，无法满足学生未来职业岗位的工作需求及终身自主学习的需要。因此，探讨课堂教学的有效性，是目前我们应该首选的课题。本节在理解"何为有效教学""如何界定教学的有效性"的基础上，针对英语课堂中的实际问题，探讨有效提升高职英语课堂教学的策略和方法。

《国务院关于大力推进职业教育改革与发展的决定》指出，高职院校应培养具有可持续发展的高素质和学科完整性发展的现代技术应用型人才。因此，高职英语作为公共基础课程，已经成为各高职高专院校提高办学层次和能否培养出现代技术复合型人才的重要标志。高职英语能否完成既定的教学效果也愈发引人关注。

一、高职院校英语教学现状

高职英语课程隶属公共必修课，英语教学大多时候被看作是一门学科，对于重视职业技能方面培养的高职院校来讲，很难引起有关方面的注意。这门课程的实施更多地是来自外部指导要求，如学校的相关考试和过级考试。于是，课堂教学更重视知识教学及应考技巧的传授，忽略了对学生的素质教育，而且教师为了完成每学期规定的教学任务，过多地重视教学环节的准备，忽视了教学内容的趣味性和学生岗位的相关性。结果，大多数不熟悉基础知识的学生无法跟上课堂教学的进度，再加上教师的长期忽视和灌输，造成对英语学习没兴趣、没信心，影响后继学习效果。

（一）学习英语语言上存在的问题

一般来说，对母语之外的第二外语的学习，最大的困难不是汉字与英语字母的转换，而是母语思维向外语思维的转换和外语思维的软着陆。如果所学的语种与自己的母语相接近，那么二语习得学起来就容易些，这是因为容易进行思维的切换。而对于与母语差别较大的语种，就像中国人学英语，由于在这两种语言之间进行思维的切换较难，因而学习起来就会困难重重，久而久之，学习者失去了学习的积极性和信心。

有关数据显示，中国人学英语，效率普遍不高。一方面是因为汉语(作为母语)和英语(作为学习目标语言)之间存在巨大的语言文化差异；另一方面是学习软硬件条件不佳造成的(比如从业教师水平不高、学习条件欠佳、方法选择不当等)，以及由此衍生出的"学习习惯"问题。良好的"学习习惯"能增强学习者的自信心，克服学习困难的勇气，最终获得学习乐趣。反之，不良的学习习惯会打击甚至摧毁学习者的信心，从而大大降低学习者的学习效率。事实上，从实证的角度来看，中国人学英语最主要的困难还不是汉语(属于汉藏语系)和英语(属于拉丁语系)之间的差异显著的问题，而是没有明确的学习目标，不能培养学习英语的兴趣，更没有坚持学习英语的意志等。因此，授课教师需要研读语言学教学方法论，探索培养学习者养成良好的英语学习习惯的有效策略，担当起这份义不容辞的责任和义务。

(二)学生方面的问题

从调查数据来看，高职高专院校学生对英语这门课程兴趣不高，从小学到大学，十几年的学习经历却没有养成良好的英语学习习惯，学习效果较差。原因如下：一是词汇量较少。大约75%的学生英语词汇量不足1200个(高中生应具备3500个单词)，所以词汇量不足，致使大部分学生在课堂上无法参与正常的教学活动。二是语法基础知识薄弱。教学过程中发现，对于最基本的英语语法知识如词类、句子成分及结构，多数学生并不了解，更别提复杂的语法规则了。这直接影响了他们正常阅读和翻译。三是英语学习兴味索然。因为"英语"是规定的必修课程，为了拿到学分，才被迫来上课，学习效果可想而知。四是英语学习方法不恰当。问卷调查发现，将近过半的学生没有正确有效的英语学习方法，不知道在上课前该做什么。课堂教学中还发现，约有75%的学生有课堂沉默现象，因怕老师提问，后排就座，精神紧张，极少发言。统计发现，影响学生课堂学习效果的主要因素并不是基础知识薄弱，而是课堂心理因素、学习目的及学习态度。

(三)教师本身的问题

首先，语言的修为和课堂教学的构思能力是英语教师必备的硬性条件。试想，一位有些口音的英语教师和一位有着标准美音或英音的授课教师，单就英语的发音来讲，引发的课后教学效果就显而易见了。其次，作为授课教师依据自身的学识修为设计自己的课堂构思也同样重要。试想，如果在授课过程中授课教师思维混乱不着边际，哪还能有课堂效果可言呢？因而，授课教师各方面的条件素质尤其是在语言方面及其自身的知识储备，对于高职英语的课堂教学效果也是重中之重。这就要考验教师是否教学有方，是否能够寓教于乐且"开窍"有术，把每位学生都吸引到课堂教学活动中来，开展有效的教学活动。

二、如何理解"课堂教学有效性"

有效果的教学(effective teaching)，通常是指授课教师在经过一定时间的课堂教学后，所教学生身上发生的变化，获得的具体进步或发展。其中的教学，是指教师由发起、管理并提升所教学生学习的所有行为方式和策略。从学生角度来看，有效教学应指通过教学活动促进学生的学习并且对学生的未来就业和生活有所帮助的教学。从教师角度来看，有效的教学活动就是指教师能够准确清楚地解释学科内容，引发学生的学习兴趣；帮助学生提出适合自身发展的学习目标；培养学生独立学习的好习惯等。

高职英语的有效教学是指教师要遵循英语教学活动的规律，采用适合高职学生基础知识的教学方法，以最大的效率实现预期的英语教学目标，使学生成绩提高并用所学知识胜任未来岗位需要，实现可持续发展的教学活动。

高职英语有效教学要体现如下特点：一是多重的教学目标；二是准确适用的教材；三是有职业属性的教学内容；四是科学性的教学组织；五是融洽的师生关系。涉及三方面：一是课堂教学的有效实施，是说教师必须提高课堂教学的有效知识量和科学运用多种先进的教学方法；二是课堂的有效管理，是说教师要创造良好的课堂气氛并善于和学生沟通，实时改进交流方式；三是课程全程的有效学习指导，这就意味着教师要培养和激发学生的学习兴趣，创造问题，模拟情境，兼顾层次，以强带弱，考核评价。

三、高职英语教学有效性策略分析

（一）教师必须有清晰的教学思路

教育家叶圣陶先生，曾说："教师之为教，不在全盘授予，而在相机诱导。"它是指教师的教学理念，即"相机诱导"，即教师的教学不依赖于整体灌输讲授，而是诱导学生学习兴趣的时机。关键在于教学理念不仅存在于教师的头脑中，也存在于书面的教学案例中，必须转化为一种可行的课堂教学活动。这就是对教师教学能力的检验。课堂教学中，老师的教学思路清晰，学生的思维也就逐渐清晰，他们才有可能获得创造性的思维。老师个人的思维品质集中体现在课堂教学环节的设计上，体现个性化的色彩并潜移默化地影响学生，从而师生共同完成一堂有品质的课程。

（二）教师讲授需把握分寸

教师课堂适当地讲解能帮助学生理解该单元的主旨思想，提高他们的鉴赏力。蜻蜓点水或过于深入的渗透，都无助于学生的文化积累和思维训练。教师应该控制好教学内容的程度。讲太多太宽泛，会使学生处于休眠状态；而讲得太深太专，也会使学生会处于不知所措的状态。从维果斯基提出的"最近发展区"(ZPD)理论来看，教师的讲授可遵循可接受性原则，因材施教，在学生可以接受的范畴内开展教学。

（三）教师要善于设计问题，促进学生思维能力的提高

有效提问能探索并优化认知结构。教师的提问要具有导向性、有代表性，可以从单元模块中提炼出来，也可以从背景文化中挖掘出来，目的是帮助学生进行思考。能够较好地使用课堂用语也是每位授课教师应该努力不断修炼的本领。在课堂上，讲话的语气和措辞

要注意，使用学生能接受的语调。同时注意语调的抑扬顿挫、语词的简单明了，这样能为课堂教学增色增彩，有利于课堂教学质量的体现。

（四）提高学生参与教学全过程的程度

如何打破英语课堂的沉默现象，创设全员参与、互动良好的课堂，是我们目前的当务之急。毫无疑问，学生的课堂参与度是检验英语课堂是否有效的标准之一。有关数据表明，如果在一堂课上有 70% 的学生能积极参与课堂教学活动的全过程，就可以认为这是一堂高效率的课。我们知道，课堂教学是教与学统一的过程，但不能就此认为教师的教与学生的学是同时进行的。实际情况就是，你在教而我未必在学。教师要考虑学生在课堂上的感受，让学生有机会参与教学目标的制订、教学方法的选择、质疑解惑，把课堂让给学生，在课堂任务的驱动下，迫使他们主动参与到课堂教学活动中来。

（五）营造公平和谐的课堂教学环境

良好的课堂教学环境是有效开展教学活动必不可少的前提条件，应该由课堂教学的物理环境和心理环境两个方面组成。物理环境是指必须改进教学场所，包括教室布置、学生座位的安排、黑板和多媒体的有效利用等。卡尔·罗杰斯（美国心理学家）提出了"以学生为中心"的教育观。其主要思想是：教学环境能帮助学生改变，使学生学会和训练学生成为"适应变化、学会学习、发挥独特人格作用的人"。由此可以看出，人的创造力是在感受心理安全和心理自由的前提下达到最大的表现和发展的。因此，教师应尊重学生，在课堂上与学生进行情感上和思想上的共鸣，了解学生的真实感受和课堂反应。值得注意的是，授课教师要公平地对待每位学生，如果教师只是偏爱基础好的学生，会造成基础差的学生跟班困难，导致其态度消极不参与课堂教学活动，直接影响课堂教学效果。教师要照顾这些学生使他们不被边缘化，根据他们的能力水平安排一些比较简单的任务，主要是基于理解和记忆并不断督促，使他们能跟上班级的整体水平。小组合作学习模式可以帮助这些学生解决学习上的困难。此模式可以促进学生开阔思路，互相协助通过逻辑分析来解决问题，发挥学生的学习潜能，以强带弱减少两极分化，有效提升学生的积极性和学习成绩。

（六）利用多媒体技术优化课堂结构，注重教学实效

高职英语属于应用型语言，语言学习离不开语境和情境。教师利用多媒体课件播放英语微视频、微课、英语演讲和英语听力，让学生有触视感，通过感官刺激身临其境来收获知识，了解异国文化和理解语言材料，在具体的语境或者情境中感知词汇的应用场景，培养学生养成用英语思维的习惯。因为高职英语教学一定要结合学情和职业特点，所以利用多媒体还要有针对性的教学策略，开发符合学生未来岗位需求的人才培养计划，专业性人才定性定向培养（简单、实用、与专业相切合、教材章节灵活选取、听说读写译无须面面俱到，可按照学生所学专业需要予以侧重），达到自主、终身学习之目的。另外，利用现有的网上学习平台学习，也是对课堂学习的无限延伸，学生可以在任何时

间、任何地点自主学习。

（七）反思性教学有利于高职英语课堂的有效教学

反思性教学是对教学经验的反思，是指教师以自己的教学活动为意识对象，对自己的教育理念、教学行为、决策以及由此产生的结果进行认真的自我审视、评价、反馈、控制、调节、分析的过程。它是教师回顾过去、审视现状、规划未来的有效途径。同时，反思性教学也是教师培养职业情感、树立专业观念、提高教学技能的过程。首先，英语教师应通过对每堂课结束后整个教学过程的反思，认真总结这门课程是否达到了预期的效果。其次，教师可以从批改作业、试卷、联系学生等方面获取学生的反馈信息，记录和改进学生学习中常见的典型问题。再次，英语教师可以互相学习，听讲座（听专业老师的课，提高自己的专业技能）互相学习，改进教学方法和课堂管理能力。最后，鼓励学生对教学过程进行反馈，教师收集反馈结果回归课堂提高效果。通过这种自我反思、自我控制和学生反馈的方式，把教与学有效融合起来。

（八）培养能融入专业课程知识讲授的英语教师队伍

培养能融入专业课程知识、高水平的理论知识的双师型教师，改进教学理念，体现高职公共英语教学的特点。公共英语教师要经常与所在院系的专业教师互相听课、互相探讨，了解地区经济与专业最新的发展动态，因地制宜地实时融入实际课堂教学中。如此教师能更好地完成高职英语教学任务，结合学生的岗位工作，准确定位教学内容，因材施教，以教为本，因岗施教。

总之，高职院校要构建有效的英语课堂教学体制，需要学院管理层面、教师和学生三方面的共同努力。高职院校领导在教学软硬件设备及教室环境营造等方面大力支持；同时教师也要不断地学习充实自己的理论知识储备，不断地完善自身专业知识素养，在"互联网＋"大数据的时代背景下，使用多媒体技术改进教学方法，营造和谐良好的师生关系，课前精心设计过程、课中指导、演示并互动、课后诊断，并反思且回归课堂，如此才能提高英语教学的有效性，才能培养出新时代合格的职场复合型人才。

第二节　高职英语课堂教学的困境与改进

英语课程在高职教育阶段是重要课程，对培养学生的英语能力具有直接的作用。近些年，教育改革不断深入，对于高职教育而言，也需要顺应时代趋势做出改变。从英语教学的实际情况来看，目前陷入了一定的困境中。对此，本节就针对目前高职英语教学面临的困境展开分析，然后对其具体的改进措施予以探讨，希望能够给广大高职英语教师提供参考，切实提升高职英语教学的有效性。

一、目前高职英语课堂教学面临的困境

当前高职英语课堂教学的具体开展存在一些明显的问题，这导致课堂教学的效率不高，不少学生在课堂上对相关的英语知识未能形成有效认识，从而影响了教学活动的有效性。具体来讲，高职英语教学，目前面临的问题主要表现在以下几个方面：

1. 教学活动趣味性不足，学生课堂参与积极性不强。从课堂教学的实际情况来看，部分学生在课堂上并未有效地参与到学习中。在教师进行讲解的时候，有些学生根本没有认真听讲，将心思放在了其他课程的作业上，或者是偷偷玩手机。究其原因，一定程度上是教学活动缺乏趣味性，没能激发学生的兴趣，从而导致学生的课堂参与感偏低。所以，想要突破这一困境，就需要实现课堂教学的趣味化构建，给学生创造一个优良的学习环境，这样才能使其有效参与。

2. 课堂教学未能体现出学生主体性，教学活动理论化程度较高。从当前教育教学的发展改革来讲，以生为本是一个核心理念，这一理念要求教学活动要立足学生实际学情以及学生自主学习，构建起以学生为本的课堂模式。虽然教育改革提出了这样的理念要求，但是在实际教学中，部分教师并未对此予以落实，在课堂上还是局限于传统的讲读式教学，单方面对学生展开英语知识的讲解。在这样的模式下，学生依然处于被动状态，未能在课堂上实现主动参与，从而导致课堂教学未能达到理想中的效果。

3. 课堂教学过于局限，缺乏向外拓展。英语学习不能仅仅局限于课堂，要想让学生的英语能力素养得到切实提升，就必须经过大量的实践练习。而课堂时间有限，这就需要将课堂教学向课外拓展，基于信息化的平台渠道，引导学生在课外展开有效的学习，实现课堂教学的延伸。然而，从当前实际来看，在高职英语教学中，虽然出现了在线作业平台，但是并没有与课堂教学形成有机联动，没有最大限度地发挥出教学作用。

二、高职英语教学突破困境的具体策略

鉴于高职英语教学目前面临的一些困境，英语教师要对此加强分析，了解这些问题产生的根本原因，以及其所带来的影响。然后，对教学互动进行合理的优化，最大限度地实现对高职英语教学模式的重构。

1. 融入趣味元素实施趣味化教学。高职学生虽然一般已经达到成年人的年纪，但是实际上很多学生的心态并不成熟，对于学习和未来并没有明确认知，在学习中缺乏主动性和积极性。为了让学生切实参与到英语学习之中，就需要在课堂教学中融入趣味元素，实施趣味化教学。第一，借助游戏元素辅助教学。许多高职学生对游戏充满兴趣，在进行英语教学的时候，可以将游戏中的一些元素引入教学中，实施趣味化教学。比如，教学英语翻译的相关知识时，就可以引入手机游戏"王者荣耀"中的一些人物台词，让学生对这些台词进行汉译英。比如，游戏中扁鹊的台词"生存还是死亡，这是个问题"，这句话就出自

经典戏剧《哈姆雷特》，原话为"To be or not to be，that's a question"。第二，基于电影元素辅助教学。除了游戏，高职学生对于好莱坞电影也充满兴趣，尤其是超级英雄类型的电影，由于具备震撼的视觉效果，受很多学生喜爱。在英语课堂上，便可以借助这些好莱坞电影，节选其中的一些片段，围绕电影台词，对学生进行英语语法知识的讲解，这样可以充分激发学生的学习积极性。此外，还可以对其他趣味性元素予以利用，与英语教学结合起来，构建起趣味化的英语课堂。

2. 构建以生为本的自主学习课堂。在高职英语教学中，还需要关注学生的自主学习，要将学生的主动性发挥出来。要达到这样的目的，就要在教学方法上灵活创新，以新方法取代以往的老方法。第一，问题导学。这种教学方式是以问题为核心，结合课本内容，设计一系列思考问题，在课堂上让学生基于这些思考问题，探讨课本上的英语知识，加强知识掌握。第二，翻转课堂。除了问题导学，还可以构建翻转课堂，将微课这种教学素材利用起来，针对课本内容，设计多样化的英语微课。课堂上通过微课构建课堂，引导学生自主学习。此外，还有一些其他方法可以使用，英语教师需要结合实际，灵活把握控制。

3. 基于信息化渠道实现教学拓展。高职英语教学不能局限于课堂，还需要基于信息化渠道，实现向外拓展。第一，可以借助线上学习平台，拓展学生的线上学习。也就是在课堂教学开始前，设计课前预习任务，让学生通过在线平台完成这些预习任务，为课堂教学奠定基础。第二，可以借助"双微一抖"（微博、微信、抖音）新媒体平台，在客户端给学生布置实践性的英语练习，如录音、拍小视频等，通过这些方式，可以有效摆脱传统作业的单调性，让学生对英语学习产生兴趣，同时在参与过程中，对相关英语知识形成实践运用。

在对高职英语进行教学的过程中，英语教师应该认识到目前教学活动中存在的困境，理解这些困境给英语教学带来的影响。在此基础上，需要从多方面改进英语课堂教学，实现教学拓展，推动高职英语教学不断向高层次发展。

第三节　高职英语课堂教学中的文化导入

在高职教育体系中，英语学科一直占据着不容忽视的重要地位，学生要想获得良好的发展前景，必须学好英语，能够使用英语与他人交流，这就涉及在高职英语课堂教学中如何有效地进行文化导入，确保学生能够更加深入透彻地理解英语知识，掌握英语交流能力。本节将对高职英语课堂教学中文化导入的相关要点加以解析，以供广大英语教师参考和借鉴，希望对推进高职英语课堂教学的改革和创新能够有所帮助。

一、文化导入在高职英语课堂教学中的重要性

提高学生的语言交流能力。在传统的高职英语课堂教学中往往存在这样一种误区,即过于注重对理论知识的传授,忽视了对学生英语交流能力的培养,教师一味采取灌输式的教学方式,很少给学生提供交流的机会,这种教学理念无疑是本末倒置,阻碍了学生英语水平的发展。文化导入的应用有助于增强学生对英语文化的认知和理解,促使学生更加灵活地应用英语词汇、句式和语法,对于学生英语交流能力的提升大有助益。

提高学生的理解能力。由于中西方文化的差异,学生在学习英语的过程中会遇到各种各样的问题,对英语内涵的理解不够全面,在交流时也会出现极大的障碍,这与高职院校的英语人才培养目标背道而驰。文化导入的应用为学生深入理解英语语言创造了契机,通过对文化背景、风俗习惯、语言特点加以讲解,学生对西方文化的认知水平将会达到一个新的高度,在运用英语与他人交流时也会愈发游刃有余,得心应手。

激发学生的学习兴趣。高职学生的英语基础较为薄弱,他们的学习动机不够明确,学习兴趣相对匮乏,在英语课堂教学中的表现差强人意。应用文化导入,结合具体语境来教授英语知识,促使学生在学习英语的同时进一步了解西方文化,加深学生对英语知识的印象,通过长期的积累和沉淀学生的英语学习能力将会有显著的提高,并树立良好的自信心,在此情况下学生对英语也会保持着持久而强烈的学习兴趣。

二、高职英语课堂教学中的文化导入策略

信息化导入英语教学。现如今我国已经全面进入了信息时代,现代信息技术的广泛应用给高职英语教学注入了源源不断的生机和活力,能够将复杂难懂的知识变得简单化、形象化,清晰直观地呈现在学生面前,帮助学生快速接受新知识、巩固旧知识,可以说,在高职英语课堂教学中应用现代信息技术是十分必要的。教师应顺应时代潮流,大力发掘网络资源,构建信息教学平台,以丰富英语教学内容和教学形式,调动学生的主观能动性。比如说在课前布置预习作业,让学生到网络上查找资料,为课上教学做好充分的准备;或者将教学内容制作成多媒体课件,添加文字、图像、视频、音频等元素,给予学生强烈的感官体验,让学生自觉代入语境中,领略英语的独特魅力。与此同时,教师还要坚持以学生为主体的原则,鼓励学生积极参与高职英语课堂教学,提高学生的课堂参与度,以锻炼学生的思维能力和交际能力。

文化背景导入英语教学。在全球经济一体化的背景之下,国际的贸易往来愈发频繁,高职学生在毕业后不可避免地会与外国人打交道,为了实现学生的快速就业,必须要传授学生交流的技巧,防止在交流过程中出现误会,引起他人的反感。除此之外,高职学生正处于好奇心旺盛的年纪,他们对外界事物有着强烈的求知欲和探索欲,教师要善于利用学生的这一心理特征,将西方国家的历史和文化背景潜移默化地融入英语教学内容中,循

序渐进地提高学生的英语素养。比如说在称呼英国人时不能用 Englishman 一概而论，因为英国是由英格兰、苏格兰、威尔士、北爱尔兰组成的，有些地区的人们不喜欢被称为 Englishman，在遇到他们时要学会变换称谓，这样才能赢得他们的好感，所以说高职英语课堂教学中文化背景的导入非常关键。

情境导入英语教学。众所周知，英语学习需要在特定的语言环境中才能取得事半功倍的效果，情境导入英语教学一方面为学生的理解和掌握提供了便利，另一方面激发了学生的学习热情，给予他们学习的动力。教师可以将英语教学与学生所学专业结合起来，设置实际工作中经常出现的真实情境，比如说在洽谈国外业务时需要接待英美国家的使者，使用一些专业术语，如果学生能够将这些知识提前掌握，他们对日后的工作就会充满信心，在学习英语时也会更有斗志。教师要安排学生分别扮演不同的角色，可以播放相关视频，以供学生参考和模仿，每组学生表演时其他学生要耐心观看，并在表演结束后指出其不当之处，以便学生弥补自身的缺点和不足，逐渐向更高的层次发起冲锋。

价值观导入英语教学。西方国家都有自己的历史文化，有些国家的文化历史悠久，各国文化受各方面的影响和促进，形成了自己的文化价值观，在历史的发展以及岁月的变迁中，每个国家受文化的熏陶形成了独有的特征，这是该国与其他国家明显的不同之处。比如说英国人的标签是温文尔雅、彬彬有礼，美国人的标签是崇尚自由、张扬自大，这些都是英语国家的文化特征。而中国人的标签则是内敛含蓄、谦逊低调。这种价值观的差异已经渗透在每个国民的血肉和骨骼之中，教师要在日常的英语教学中注重对文化价值观的介绍和引导，让学生能够更好地了解英语国家的文化价值观，从而形成自己的思维方式，更好地学习和运用英语。

思维方式导入英语教学。文化背景不同，各个国家人们的思维方式也存在很大的差异。英语教师要重视历史文化背景下人们思维方式的差异性，在教学中渗透文化知识，引导学生运用英语思维来学习英语知识。所谓英语思维就是随时随地能用最简洁的英语流利纯正地表达口脑中所思所想，形成本能的、条件反射的思维方式，而英语思维能力的培养重在实践练习。通常情况下，如果缺乏英语思维训练，就会将读过或听过的英语信息翻译成母语形成自己的记忆，并没有直接将英语存储在记忆中，这种思维方式对英语学习极为不利，这也是大多数中国人学习英语的一个障碍。所以，教师应鼓励和引导学生形成英语朗读习惯，对英语国家的语言进行模仿，形成语感，通过长期的努力会达到自然状态，也就是母语状态。同时，引导学生对所学单词、词组和句子进行分析、应用、评价和创造，发挥学生的创造力，答案不"唯一论"，对于学生的思维训练才能持久和提高，才能帮助他们将语言归于实际生活运用。

本国文化导入英语教学。要想提高学生的英语应用水平，比较有效的方法之一就是导入本国文化，这点在高职英语课堂教学中常常被忽视。大多数高职英语教师都将主要精力放在西方文化的介绍上，对本国文化的讲解却少之又少，导致学生对本国文化的认识和理解流于表面，给本国文化的生存和发展带来了巨大的挑战。如今我国在国际上的地位越来越高，英语教学的目的是为了将本国文化传播到世界的各个角落，基于此，教师应积极转变教学观念，在高职英语课堂教学中将本国文化与西方文化进行对比，使学生摆脱思维的桎梏，明确文化差异，消除交流障碍，进而培养学生的民族自豪感，提高学生的英语应用能力，不仅有助于本国文化的传承和发扬，而且为高职英语课堂教学的顺利开展奠定了坚实的基础。

高职英语课堂教学中的文化导入有着至关重要的作用，能够激发学生的学习兴趣，提高学生的理解能力、创造能力和交际能力，为学生综合素质的全面发展创造良好的条件。教师应采用先进的、现代化的教学理念和教学方法，大力引进信息技术，营造生动活泼的课堂氛围，使学生在轻松愉悦的环境中主动学习，从而保证高职英语课堂教学的实效性。

第四节　高职英语课堂教学的自我反思

当前，随着教育体制的改革，为了促进教师的专业化发展，教育部在所颁布的《教师教育课程标准（试行）》内容中，专门设置了"教学诊断"模块课程，要求教师根据自身的教学经验与优势，充分调动自身的反思与总结积极性和主动性，以此引导教师对专业的理解，从而为教师解决实际问题提供一定的帮助。

一、课堂教学诊断的内涵

课堂教学是教师的主要工作，课堂教学自我诊断作为一种教学研究方法，是提高教师专业能力的重要途径。课堂教学自我诊断是基于教学设计、教学实施的一种研究方法。主要是指诊断者通过采用一系列的手段，展开对课堂教学过程的诊断。

二、职业院校英语课堂教学自我诊断的主要视角

（一）职业院校英语课堂教学要素诊断

要素诊断是课堂教学的基础，其主要依据一定的英语教学标准、课程标准等内容，诊视与判断教学实施过程中的各要素，并总结经验、发现问题、分析产生问题的原因，以此提出针对性的改进措施。英语教学要素包含教学目标、教学内容和教学方法三个方面。

1. 教学目标是否明确、合理、可行，符合英语课程标准和新教学理念的要求，符合教材要求，符合学生实际，符合职业院校技术技能人才培养要求。

2. 教学内容设计是否合理、科学。充分体现信息化教学理念，体现英语学科特色。全面关注学生的知识、英语听说读写能力、情感态度和价值观的获得和形成，营造师生、生

生互动的氛围，积极运用启发式、讨论式教学。

3.教学方法是否积极运用启发式、探究式、讨论式、参与式教学，教学组织与方法得当，教学活动学生参与面广，需要将学生的主观能动性充分发挥出来，突出其主体地位，以此体现"做中学、做中教"。

（二）职业院校英语课堂教学结构诊断

结构不仅指对教学时间的分配安排以及过程的规划，还包含"教"与"学"的人际关系结构，即师生之间关系和生生关系。强调学生的主体地位，职业院校的学生英语基础比较薄弱，学习兴趣不浓，如何调动学生上课的积极性就十分重要。因此在英语课堂教学诊断过程中，其核心在于诊断学生对该课程的参与人数、时间、态度及效果等。这样的结构诊断，有利于提高教学的适合度，促进和谐的师生关系、生生关系的构建。

（三）职业院校英语课堂教学效果诊断

对教学效果的诊断，需在要素诊断与结构诊断的基础上，通过分析学生知识掌握程度之间所存在的差距，了解英语课堂教学目标，并将其作为教学诊断的核心。而诊断内容主要有英语教学目标完成情况、学生对课堂学习内容的理解和掌握程度、学生的学习能力等。比如，学生是否能有效地达成教学目标，可通过运用信息技术，解决当前教学过程中所遇到的一系列问题，且教学所取得的成效明显。学生乐学、会学、学会，不同层次的学生均有发展，课堂教学真实有效、气氛好，切实提高学生的学习兴趣和学习能力。

三、职业院校英语教师课堂教学自我诊断能力提升的策略

（一）培养教师思考学习教育理论的习惯

要提高英语教师的教学诊断能力，就需要根据教师课堂教学的实际情况，通过结合教学实践内容，展开对教师思考学习教育理论的习惯培养：一是通过对教师学习教育理论的习惯培养，将其教育理论与教学实践之间的互动与生成实现，从而加强理解理论语言在教学中的运用。二是对教师结合实践思考学习理论的培养，解决教师教学过程中不知道怎么做，为什么这样做的问题，使教师专业成长理性地介入，从而加强教师理性自觉的培养。三是可启发教师的思维，使教师从不同理论角度，在多方面对教学实践进行合理解释。而在此过程中，教师对教学过程中所出现的问题进行发现、诊断与分析，从更高的角度重构教学实践等。教师只有通过不断反思与总结，在教学诊断实践过程中将其与学习教育理论相结合，转化为英语教育理论与教育行为，才能不断提高教学诊断能力，超越教学诊断的经验和技术水平。

（二）建立良好的职业院校教学诊断制度和文化

首先，学校要营造良好的教学诊断文化。在教学诊断过程中，学校在尊重诊断教师主体性的基础上，还需要听取教师诊断后所发表的观点与意见，以促进教师个人理性的发展；

可通过营造符合其教学诊断的氛围，根据职业教育实际情况，使每一次的教学诊断活动功能充分发挥，并成为教师之间思维碰撞、观点交锋以及理念生成的思想盛宴，让每一次教学诊断过程都成为教师共同学习、共同成长的过程。只有这样，教师在教学诊断过程中才能快速促进专业成长，不断提高诊断能力。其次，学校需建立良好的教学诊断制度，特别注重教师教学诊断的特性，如日常性、系统性、合作性和聚焦性等，即教学诊断要成为一项日常的活动，而不是可有可无的教学摆设。教学诊断要根据学科教学的实际情况，有计划、有目的、系统性地安排，以使教学诊断在深入推进教师教学能力提升的同时，可系统发展教师的教学诊断能力。另外，教学诊断既要为教师创造合作诊断的机会，又要注意教师个人自我反思式诊断，可根据教师共同关注的问题，提炼教学诊断的主题。

第五节 核心素养体系下的高职英语课堂教学

新课标对高职英语教学提出了更高的要求，教育部门越来越关注学生的素质教育。传统的高职英语教学受多种因素影响，教学过程中暴露出许多问题，学生的发展不够全面，影响高职英语教学的发展和进步。对此，基于核心素养背景下，转变高职英语的教学方式以提高学生的综合素质意义重大。因此，本节首先阐述高职英语教学中培养学生核心素养的重要性，其次就当前高职英语教学中存在的一些问题进行分析，最后探讨核心素养环境下的高职英语课堂教学方式的转变。

随着经济全球化的发展，英语在国际中占据一定地位。在新课标背景下，高职英语教学面临全新挑战，传统的教学方式不能适应新时代的快速发展要求。对此，高职英语教师有必要在实际的英语教学活动中注重对学生核心素养的培养。核心素养这个词的含义十分广阔，它并不是基本技能，但又是技能形成和利用的核心所在，不仅包含专业知识，还包含学生的个人品德，是教育部根据国家教育方针提出的具体化理论，在高职英语教学之中有着十分重要的指导作用。笔者认为，坚持核心素养首先要认清教学理念，其次是完善教学培养目标，最后是个人品质的培养。这并不是一朝一夕所能完成和实现的，需要教师创新、变革现有的教学模式，实现高职英语课堂教学方式的转变，注重学生学习兴趣的培养，提高教学的质量和效率。

一、核心素养融入高职英语写作教学的重要意义

核心素养的意义。"核心素养"是教育部根据国家教育方针所提出的具体化理论，它在高职英语教学中有着十分重要的指导作用，可以说核心素养是高职英语课堂的灵魂支柱和核心思想。众所周知，教书重在育人，塑品德，辨是非。而教育部提出的核心素养理念明确表达出教师在学生各个学习阶段所应教给学生的理论知识和道德素质。因此，核心素

养在教学之中具备核心的指导作用，能够有效地帮助教师做出教学判断，帮助学生在学习之中更好地成长，在成长之中不断丰富自我文化内涵。

从英语教学来看英语核心素养。"素养"这个词的含义十分广阔，它不是基本技能，是所有技能的核心，它不仅包含专业知识，也包含个人品德。"核心素养"更倾向于人的基本素质。无论责任担当还是实践创新都要求学生做到认识自我、发展自我。所以说，受核心素养影响的高职英语课堂更注重学生寻找问题、解决问题能力的培养，是符合高职英语课堂教学要求的。

二、高职英语教学培养学生核心素养的重要性

高职英语教学中培养学生的核心素养不仅能够激发学生的学习兴趣，提高英语课堂的教学质量，同时还能引导学生形成正确的人生观和价值观。高职英语教师在实际的英语教学课堂活动中应该转变教学观念，除了教会学生基本的书本知识以外，还需要将核心素养教育渗透在日常教学活动中，以便促进学生的全面发展和进步。

高职英语教学中培养学生的核心素养可以促进学生的全面发展，同时这也是我国教育进步发展的必然途径。现如今，我们对一个人的评价不但是其知识水平的高低，还会以其素养的高低作为评价标准。高职英语教师应该充分认识核心素养教育的重要性，在教学活动中有意识地渗透核心素养教育，把核心素养教育当作高职英语教学的一项基本工作。绝不能受应试教育的影响，一味追求课堂进度，忽视对学生核心素养的培养。

基于以上原因，随着我国教育体制的深化改革，高职英语以培养学生的核心素养为基础进行课堂教学的转变已经成为高职英语教学发展的必然途径。

三、传统高职英语教学中存在的问题

缺乏明确的教学方向。任何学科的教学都需要有一个明确的教学方向，教学方向需要结合学生的实际情况制定。在高职英语教学活动中，良好的教学方式能够促进学生更好地学习英语。教学方向是由教师主导的，即教师在教学活动中首先需要明确教育目标，其次是合理安排教学计划，最后形成教学方向。现如今的高职英语教学暴露出教学方向不清晰的问题，教师自己没有一个明确的教育目标，只是按照课时要求进行英语教学，导致高职英语教学效率、学生的核心素养难以提高。除此之外，教师对教学内容的设置规划也不合理，主要体现为教师没有结合学生的实际要求开展英语教学。学生所学的知识超出了他们的理解能力，长此以往，学生就会对英语学习丧失兴趣，同时这也不利于学生核心素养的培养。

枯燥单一的教学方式。受应试教育影响，现如今的高职英语教学大多由灌输式的教学模式所构成，即教师讲、学生听，教师在黑板上写、学生在座位上抄写。这种教学模式虽然能够在一定程度上加快教学进度，却不利于提高学生的学习兴趣和核心素养。高职生具

有活泼好动的心理特性，对于喜欢的事物他们会主动接近，而一味被动学习反倒会降低教师的教学质量。同时，一些教师在实际教学活动中会偏向于优等生，忽视英语基础不太好的学生，使这类学生产生学习英语的自卑感。此外，当前高职英语教学师资团队呈现出老龄化的问题，一些教师虽然有着丰富的教学经验，却难以接受先进的教学理念。种种原因都影响高职英语教学中核心素养教育的渗入，使学生的综合素养难以提高。

四、基于核心素养高职英语课堂教学方式转变的策略

坚持以学生为主的教学理念。核心素养要求教师认清学生才是校园教学的主体，要求学生能够在校园学习中实现全面发展、综合发展。就高职英语课堂而言，教师必须遵循以学生为本，建立和谐的高职英语教学课堂。现代很多教育理论提出，师生之间的互动是促进学生优化思维、培养专业能力的重要方法。学生在高职学习阶段仍旧处于一种智力发展阶段，需要教师不断引导和加强学生的学习意识和学习观念，帮助学生实现自主学习。教师与学生的和谐发展能够使师生关系和谐，使学校的人文环境更为浓郁。

学生学习英语知识不仅是知识储备的需求，更是一种情感和理解的需求。教师要能够充分认识到学生的情感需求，围绕教材设计符合学生情感发展的教学方式，依据学生的学习兴趣来研究教学方式和教学理论，这不仅适用于高职英语学科，在任何学科都是十分适用的。教师要能够充分认识到教师的教学目标和教学任务是引导学生学会认知、学会学习，只有这样，学生在未来的生活和学习中才能够更好地发展。

培养学生良好的英语学习习惯。我国著名教育家叶圣陶先生说："教育就是培养学习习惯。"核心素养的教学要求提出要培养学生良好的学习习惯。在高职英语教学中，教师如何培养学生的英语学习习惯呢？笔者有几点实际建议：

1. 培养学生说的习惯。很多学生的英语学习成绩很好，但性格内向和害羞，不敢说，不敢张口。英语是一门工具性学科，学会但不会说就等于没有学习。教师应鼓励学生多说、大声说、大胆说。调查研究显示，大声朗读能够促进神经兴奋，提高学生的记忆效果。因此，老师要能够时不时地与学生交流，让学生养成说的好习惯。

2. 培养学生听的习惯。英语不仅要会说，还要会听。教师应培养学生听的习惯，让学生注意教师在朗读过程中的口音、口型。只有听得准，学生才能够读得准。另外，随着听力考试在英语考试中所占比例的不断扩大，笔者认为教师教会学生听就更加重要了。教师要在每天早自习上要求学生读，要锻炼学生听，鼓励学生回家多看美剧，在长期的英语环境的熏陶下，学生最终会养成良好的英语学习习惯。

3. 培养学生写的习惯。很多学生都会写英语，但格式、字体、内容都有问题。笔者认为，教师要适当训练学生的写作能力，无论是字体、格式还是内容都需要加强训练，不能够仅期望内容改变全篇作文，这显然是不现实的。只有综合能力足够优秀，作文才能够获得一个较高的分数。在未来的生活之中，学生很有可能用到英语，因此书写也十分重要，教师

一定要培养学生良好的书写习惯。

在阅读中培养学生的思维品质。学生的思维品质是学生的个性特征，能够反映学生的创新、逻辑、批判等各方面的水平和特征。长期的阅读能够帮助学生提高创新思维，加强逻辑表达，提升批判的准确性。笔者认为，教师可以利用各个单元的阅读课设置部分问题，有目标地针对学生性格特征的养成进行提问。有意识地训练学生的思维品质，使学生在英语学习乃至其他学习中都能保持一种良好的思维品质。

教师在阅读教学活动中应从多个角度寻找各种答案，让学生能够将语言与品质活动相互结合，有意识地调动思维能力，积极思考和解决各种问题。很多时候，文本教育提倡优秀品质的培养，在高职英语课文中也有很多个人素质的专题教育，教师可以让学生经常阅读甚至背诵这些课文，加强批判思维和判断思维，这对学生个人品质的塑造有着十分重大的影响和意义。

总而言之，随着教育的改革和发展，核心素养逐步走进课堂。发展学生核心素养逐步成为高职英语教学的重要目标和要求。教师遵循核心素养的指导能够规范自己的教学，完善教学认知，坚持以核心素养理论进行教学能够促进学生的全面发展。

第六节　教育生态学视角下高职英语课堂教学

教育生态学是当前教育教学开展研究的一个全新视角，通过运用教育生态学来分析高职英语课堂教学对学生的学习发展、教师教学的重要帮助。为此，本节结合教学经验，站在教育生态学视角下谈谈如何开展高职英语课堂教学，旨在为学生学习构建一个轻松、愉快、和谐高效的课堂，进一步提升课堂教学的有效性，推动高职英语健康发展。

随着经济全球化的快速发展，社会对英语人才的需求日益扩大，这就使英语在高职教育教学中占有重要地位。而如何提升高职英语课堂教学实效性、为社会培养高质量人才，就是当前广大一线高职英语教师需要关注的问题。鉴于此，本节就结合高职英语教学实例，从教育生态学视角重新审视当前课堂教学中存在的诸多问题，并结合存在问题提出相应的解决对策，以期为高职英语课堂教学开辟一条新的路径，提升学生的学习成绩。

一、教育生态学基本定义与特征

大多研究者认为，教育生态学以生态学为基础，用生态思维及理论来研究相关教育教学问题，为教育教学发展指明前进方向，促使学生更好地学习与发展。而教育生态学的特征则主要有整体性、协同变化性及共生性。其一，整体性。教育生态学将课堂教学与学生学习默认为一个整体，首先是教师、学生、课堂、氛围等浑然一体，其次是教学主体与教学环境交互成为一个整体，最后是师生相互影响和谐为一个整体。其二，协同变化性。生态学认为，一个物种的发展变化必定会引起相关物种及生物链的变化，所以各种物种之间都是相互作用、相互影响的，而这种相互作用及影响就被称之为协同变化性。同理，课堂教学中的各种教学因素也都是相互影响及作用的。如教师教学充满激情，学生学习也会更努力。相反，学生在课堂上混乱打闹，教师的教学情绪就会受到相应的影响，导致课堂教学效率低下。其三，共生性。生态学认为，一种生物的存在是以另外一种生物的存在为前提的，二者之间的关系是共生、共灭的。如在课堂教学中，假如课堂中没有学生，教师教学从何谈起？假如课堂上没有教师，学生学习也会无从下手。

二、教育生态学与高职英语教学的关系

在素质教育理念不断深入人心的今天，如何构建轻松、愉快、和谐的英语课堂，一直是广大一线高职英语教师追求的教学目标，而教育生态学的出现就在某种程度上为高职英语课堂教学提供了一个全新的视角。从教育生态学教学理念来说，其教学理念主要以共生、整体、和谐及平衡为主，将这些教学理念科学合理地应用于高职英语课堂，既能为课堂教学带来一丝生机与活力，还能转变传统教学模式，激发学生学习兴趣，调动学生学习的积极性。所以说，生态学视角下的高职英语课堂已经不再是单纯的教与学的关系，而是在一定程度上包含多个课堂生态因子的动态组合及协同变化。从教育生态学教学目标来说，在生态课堂教学环境背景下，如何将教学主体通过课堂学习或多因子互动转化成学生自身学习能力，让学生在今后教学实践中更好地学以致用，既是高职英语课堂教学开展的最终目的，也是生态教育学理念在开展课堂教学时的要求。所以在今后的教学实践中，高职英语教师应把握好教育生态学与英语课堂之间的关系，进而开展有效教学，帮助学生更好地学习进步。

三、教育生态学视角下高职英语课堂教学现状

高职英语课堂是一种微观教育生态系统，从生态学角度进行分析，高职英语课堂教学有效性提升的关键就在于课堂教学生态系统的失衡情况。然而，由实践得知，教育生态学视角下的高职英语课堂教学的确存在一系列问题，具体如下。

（一）师生主体地位失衡

在高职英语生态课堂教学中，教师在学生及环境因素构成的复杂关系中扮演着重要的教学角色。而正是由于英语课堂生态关系的复杂性，使英语教师在教学实践中扮演着不同的生态角色，如引导者、辅助者，才能全面、和谐地促使学生的学习进步。但在现实情况下，大多高职英语教师并没有在课堂教学中找准自身的位置，而是将自身当作课堂中心，导致学生的学习长期处于被动地位。例如，大多高职英语课堂教学均采用"齐步走"教学方法，没有顾及学生间的不同英语水平，导致学习好的学生积极发言，学习差的学生一言不发，进而严重影响学生课堂学习的积极性，降低生态课堂教学的有效性。

（二）教学空间环境的失衡

教育生态理论中的最适度原则指出：教育生态主体在发展过程中对周围生态环境及生态因子都有自身适应范围。所以说，生态课堂教学空间环境的失衡也是当前高职英语课堂教学存在的严重问题。例如，高职英语教学特别注重学生个体实践，但由调查可知，现阶段大部分高职院校人数较多，不利于课堂教学的有序开展，也不利于学生自主学习与探究。究其原因，其课堂生态空间环境在一定程度上超出了英语课堂本身的承载力及耐受度，不仅缺乏课堂师生互动，还剥夺了大多数学生参与课堂活动的机会。久而久之，不适当的课堂密度就导致课堂教学效率低下，学生学习水平难以提升。

（三）课堂教学目标的失衡

课堂教学目标的失衡，即所谓的"花盆效应"。花盆是一个半人工、半自然的小生态环境，其空间存在很大的局限性。只要花盆内的个体离开了这个小生态环境，就很难维持其生存与发展。同理，高职英语课堂教学目标的失衡就是脱离自身生态环境，无法为课堂教学奠定坚实基础。例如，由于长时间受应试教育的影响，大学英语三级或四级通过率已经成为衡量教师教学能力、院校好坏的主要标准，这就使得学校教师还是重视学生学习成绩，考什么就教什么，导致学生一味注重学习成绩的提升，失去了英语学习本身的意义，偏离了高职英语教学目标。

四、教育生态学视角下高职英语课堂教学策略

对于教育生态学视角下高职英语课堂教学现状来说，当前高职英语课堂教学应顺应素质教育与时俱进地更新教学理念，善于结合教育生态学创设教学方法，在构建高质量英语课堂的同时提升学生的学习质量。

（一）构建以生为本的生态化英语课堂

教育生态学意义上的高职英语教学是一种非弹性行为，重在营造轻松、民主、和谐课堂教学氛围，让学生主动积极地参与课堂学习活动。为此，在高职英语课堂教学实践中，英语教师应善于创新教学模式，让学生尽其能、尽其言，有效提升课堂教学效率，推动学生更好地学习发展。如在日常教学实践中，由于每个学生英语学习基础与水平不同，教师就可以将学生隐性分组，暗中按照学生的不同学习能力将全班学生分成高、中、初三级，推动学生共同发展进步。

例如，在 Unit 1 Freshmen 教学中，笔者借助隐性分层将全班学生分成若干小组，让学生结合课文排练一个小型情景剧，旨在通过情景剧锻炼学生口语，让学生敢说、爱说。因为教育生态学认为，每个生物个体（学生）都有自身的生态位，每个生态位都有自身的优势。作为新时代背景下的高职英语教师，应善于帮助学生发现自身优势，进而引导学生参与团体互动。以 A 小组为例，由于王铭和李欧鹏同学（化名）英语基础较弱，笔者就

将班里英语水平较好的两个学生和他们安排在一起，这样英语水平好的学生可以带动英语水平不好的，提升学生的学习动力，而英语水平好的学生则加深知识印象，朝着更好的方向发展。由此，不仅让每个学生都参与了课堂活动，也在一定程度上给了学生相互交流、沟通的机会，进而实现"关心每一个学生"的教育生态学观念，让每个学生都能够在原有基础上分别进步。

（二）提升英语课堂生态系统承载力

所谓生态承载力，指的是在某种特定情况下，某种个体（学生）存在数量的最高极限。在当今社会环境背景下，任何生态系统都存在一定的承载力问题，其承载力既是客观的又是可以改变的。为此，这就要求高职英语教师站在教育生态学的角度采用有效的方式提升课堂生态系统承载力，让学生以更好的状态参与英语学习。

例如，在教学内容方面笔者会根据教学大纲设计具有生态性的教学内容，如提出问题展开小组讨论，这样既能增强学生的课堂注意力，还能够营造良好的教学氛围，进而消除因班级人数较多给学生带来的心理上的焦虑感，推动学生共同学习进步。同时，为改善高职英语教师与学生严重失衡的问题，在日常教学实践中，笔者依据平时成绩和期末考试的占比水平，强调学生在学习小组讨论中的重要性，根据学生在课堂上的讨论过程和最终呈现情况，给予每个学生及时的持续性评价。让高职英语教学成为一个真实性的互动课堂，使全体学生都能参与其中，沉浸其中。

（三）确定可持续发展生态教学目标

在教育生态学视角下，高职英语课堂除了要教会学生基础知识，更要关注学生的全面发展。那么，这就要求高职英语课堂要先制订能够促进学生可持续发展的生态教学目标，即以学生生命发展为课堂主旨，引导学生寻求更新、更持久的英语学习动机，激发学生学习兴趣，调动学生的课堂参与度，让学生主动积极地投入课堂学习中，促进高职英语课堂可持续发展。

例如，在高职英语 Unit 4 Advantages of Learning English 教学中，首先笔者引导学生思考英语学习的重要性，帮助他们分析英语在个人教育乃至职业生涯中的深刻影响，加强学生英语实际运用能力的关注及培养。不以学生学习成绩为衡量其学习能力的唯一标准，鼓励他们在课上和课后的点滴进步，慢慢提升学生的口语表达能力，为学生的成长发展之路夯实基础。为此，这就要求高职英语教师顺应新课改新要求更新教学理念，正确、客观地看待考试及学生成绩，并将考试目标与教学目标进行有机结合，实现以考促学，进一步提升学生的英语综合能力。由此可知，只有进一步确定可持续发展生态教学目标，才能更好地开展高职英语教学，有效提升课堂教学效率，促使学生更好的进步。

综上所述，教育生态学视角下的高职英语课堂教学无论对学生学习还是教师教学都有重要的促进作用。为此，本节主要从以上几方面展开了探究分析，希望通过多元途径帮助高职英语课堂开创更美好的未来——构建高质量课堂，提升学生学习能力。但教育生态学视角下的高职英语有效课堂构建并非一朝一夕，这就需要英语教师积极顺应新课改新要求更新教学观念，创设有利于学生学习发展的教学方法，建立一套动态、平衡、整体、可持续发展的高职英语课堂。

第七节　高职英语课堂教学语言教学策略

教学语言是教师在课堂中传播知识、传播思想和传播文化的重要媒介，它贯穿于整个课堂教学过程的始终，主导着课堂的每一个教学环节。结合高职学生的特点和学生的英语学习情况，探讨高职英语教师应该如何在课堂中有效地运用教学语言，以促进高职英语课堂教学质量和教学效果的提升。

随着时代的发展，社会各行各业对具备一定英语能力的综合型实用人才的需求日渐增大，高职院校英语课程的教学也需要帮助学生将学习目标从单纯的知识储备或者技能储备转向能力储备。教师的课堂教学语言是教师在特定场合针对特定对象实现一定目标使用的语言。教师的课堂语言对高职英语课堂教学有着至关重要的作用，对学生的第二语言习得能产生不容忽视的影响。现结合高职学生的特点和他们的英语学习情况，探讨高职英语教师应该如何运用课堂教学语言开展高质量、高效率的课堂教学。

一、高职学生特点及其英语学习情况

以湖南省地方高职院校为例，据调查，大多数学生来自欠发达省份或中西部农村偏远地区，还有一部分曾经是留守儿童，他们或是缺少经济支持，或是缺少陪伴和关爱。绝大部分高职学生在基础教育阶段不曾获得有关英语学习方面的合理引导和适当鼓励，缺少良好的语言学习环境，也没有养成良好的语言学习习惯。因此，高职院校学生的英语基础水平普遍相对薄弱，两极分化现象较为严重，而且他们对英语学习存在一定的畏难心理。同时，高职学生自身的学习动力不足，缺乏学习主动性和积极性，也没有正确的英语学习态度，没有认识到新时代英语对其未来生活和工作的重要性。因此，高职院校学生的整体英语水平和英语语言学习态度都不容乐观，高职英语教师则需要加强课堂教学语言技巧的运用。

二、高职英语课堂语言教学策略

了解目前高职院校学生特点及其英语学习情况后，接下来将主要从教师课堂教学用语的规范化、评价性和情感性三个方面具体分析高职英语教师应该如何有效地运用教学语言创设良好的教学氛围，激发学生的英语学习兴趣，提高学生的英语实际应用能力。

教学语言规范化。英语本身就是一门语言，它是用于交流和表达的工具。虽然教师课堂用语并没有固定的模式，但高职英语课堂教学语言应该符合英语学科特点，教学用语要规范化，要做到准确、简练、严谨，并且富有逻辑。

第一，在英语课堂教学中，标准的英语发音和普通话发音是高职英语教师应该具备的首要专业素质。英语课堂用语应贴近生活但又有别于日常口语。课堂教学中，教师标准的发音、正确的语音语调和略慢的英语语速都能为学生起到良好的示范作用，能潜移默化地培养学生的英语学习兴趣，也有利于他们受专业的语言熏陶。

第二，课堂教学语言的用词必须做到准确无误、合理规范和简洁通俗。教师在课堂中应避免使用模糊性词汇和具有歧义的词语，也不宜使用晦涩难懂的词汇，并且务必杜绝使用不文明用语。在课堂教学中，教师应充分考虑高职学生的学情，尤其在用英语进行讲解和交流时，应尽可能地采用基本词汇，通过精准、简易的字词，由浅入深地传授语言文化知识。

第三，教学语言的规范性还需体现在教师对英语句法和语法的规范应用上。在课堂教学中，教师不能随意随性地遣词造句，课堂用语表达应规范合理，必须符合英语语法和英语语言表达习惯，不能按照中文思路来表述英语。同时，为了避免教学语言使用的单调、刻板，教师可采用多种句法结构形式展开交流。例如，当教师想询问学生的名字时可以采用多种句型："What's your name？"或者"May I have your name?"等。

评价性教学语言。《高职高专教育英语课程教学基本要求（试行）》指出教师应该正确处理测试和教学的关系。教学评价不能仅仅由学生的期末考试卷面成绩来实现，教师的课堂评价同样也是英语教学过程中的重要组成部分。高职英语教师合理地运用课堂评价语言可以有效激发学生的英语学习兴趣，减弱学生对英语学习的畏难心理，改善英语课堂教学效果。

其一，教师的课堂评价用语应该体现出对学生的尊重，注意保护学生的自尊心。高职学生的整体文化水平相对薄弱，教师切忌以高高在上的姿态对学生进行评价。在课堂中教师更不能轻视学生的能力水平，否则会直接影响学生的听课情绪，甚至会让他们对英语学习产生排斥心理。

其二，在高职英语课堂教学中，教师应当积极采用正面评价，多运用鼓励性的评价语言，善于发现学生的闪光点。当学生不敢在课堂上回答问题时，或回答问题错误，或答题不够完整时，教师应注重对学生的鼓励和指引，适时给予点拨，激发学生的表现欲，切勿直接放弃他们或置之不理，甚至采用嘲讽、贬低性言语批评学生。

其三，教师要学会对学生进行创造性的评价。例如，英语教师不能千篇一律地用"Good""Very good""OK"等词泛泛地表达对学生的赞同、认可。教师对学生的作答给予评价时不能局限于简单表示赞同或反对，而要根据问题的具体情况、学生的答题态度和英语发音情况等对学生进行多维度的、具体而又深入的评价，并且做出必要的补充说明。

情感性教学语言。在高职英语课堂教学中，教师可以用饱含情感的语言来搭建教师和学生之间的桥梁，以此拉近教师和学生的距离。民主平等、和谐融洽的师生关系有利于创造轻松愉悦的课堂氛围，有助于学生融入课堂英语学习活动中。

一是教师可以通过言语发自内心地关心、关爱学生。英语课堂不仅要向学生传授英语语言知识，也要借助言语等方法手段向学生传递关爱和正能量。在课堂教学中教师要能够富有感情地和学生互动交流，营造快乐与和谐的英语学习氛围。例如，在导入新课时，教师可以简单地主动问候学生，了解学生的业余生活安排、其他课程的学习情况等。

二是在英语课堂上教师不能够太严肃，在做讲解和分析时可以适当地结合自身的生活、学习和工作经历，将自己的真实情感融入课堂教学活动中，使教师和学生之间产生情感共鸣。这有助于学生主动融入英语课堂，较好地激发学生的英语学习兴趣。

三是高职英语教师在课堂教学中应调整好自身的教学心态。与本科院校的学生相比，高职学生整体上文化水平不高，英语基础也较为薄弱，因此教师需要特别有耐心和包容心，在课堂教学过程中要做到循序渐进，切勿急躁，尤其在用英语进行教学时，教师需要放慢语速，最好将同一内容复述两遍至三遍，多做强调，以便帮助学生学习、理解和消化。

教师课堂语言能力是教师专业素养的重要体现，教师自身需要不断进行学习与积累，加强课堂教学语言功底，提高教师专业水平。高职教师在英语课堂中合理有效地运用教学语言能在很大程度上激发学生对英语的学习兴趣，促进课堂教学活动的开展，有助于提高学生的英语综合运用能力。

第八节　美国俚语与高职英语课堂教学

在美式英语使用过程中，俚语的使用成了一种普遍现象。人们为满足某种特定的交际需求，或达到某种理想的交际目的，常常会使用美国俚语。美国俚语也是美国社会文化的缩影。在传统的高职英语课堂教学中，英语只被看作一种新的语言符号。高职英语教学忽视了学生英语交际能力的培养，未意识到语言学习便是语言所属文化的学习。为了提高学生的英语交际能力和文化意识，高职英语课堂可借助美国俚语以强化课堂教学。本节首先介绍美国俚语的特点和社会功能，其次详细分析高职英语教学特点及存在的问题，最后探讨通过多种渠道和方法，在高职英语课堂教学中适时巧妙地引入美国俚语的教学，以活跃课堂氛围，提高课堂教学效果。

长久以来，美国俚语都被认为是"粗俗和非正式的语言"。大部分的英语教师，特别是高职英语教师不愿在英语课堂上讲解美国俚语，因而学生也就缺少了美国文化缩影——俚语的这条途径去了解美国文化。随着对外贸易和交流的持续深入，中美两国的经济与文化往来越来越频繁。交流过程中由俚语导致的误解或歧义的例子不胜枚举。又因为美国俚语变得越来越广泛，其作用也日益突出，教师可在高职英语课堂上适时适量地引入美国俚语进行教学，这不仅能使学生通过掌握美国俚语而了解美国文化，还能激起他们对英语学习的兴趣和热情。

一、美国俚语的特点和社会功能

（一）美国俚语的特点

构词法。"时间就是金钱"把美国人的生活状态体现得淋漓尽致。美国人总是喜欢追求快节奏的生活方式。因此，他们不管对什么事情都讲究效率和节省时间。他们的这种思想在俚语中也得到了十分明显的体现。就目前来看，简化和重叠是美国俚语在构词法方面最鲜明的特征。许多俚语都是由两个具有相似结构和语音的单词所构成的一个容易记忆的单词，其音感丰富，节奏统一。这些俚语主要凭借声音上的和谐度以方便交流过程中容易理解和快速记忆，表达起来生动形象，顺口悦耳。特别是有些俚语在用作押韵尾的时候，可以使得表达十分生动且幽默，从而提高整个语言表达的效果。因此可以看出俚语富有押韵和可读性。另外，美国俚语具有的一个十分显著的特点就是缩写词和截短词。这两种词大都属于单音节词。它们读起来同样朗朗上口，并且意思形象生动，形式简洁明了，同时一个词还带有多个词。这一点也能方便人们的使用和记忆。

语言风格。众所周知，美国是公认的幽默感十足的国家。美国人想象力丰富、性格乐观开朗、语言幽默风趣等，这些特征都很好地体现在了美式英语语言风格上。其中，美国俚语便将美国人的这些特征充分地展示了出来。首先，比喻作为一种语言修辞手法，在美国俚语中使用相当广泛，是美国人在日常生活中最常用的一种表达方式。美国俚语中的比喻手法不仅体现了美国人个性化的语言特点，还能使俚语很好地表达出说话者的情感和态度。其次，委婉语也是美国俚语中使用频率较高的一种修辞。委婉语指的是用婉转、模糊不清的语言去代替直接的表达。委婉语能使人们避免谈及一些不愿直接涉及的话题或内容，而且能使情感变得更加生动、幽默和风趣。最后，夸张在美国俚语中的使用也较为广泛。夸张主要用来夸大事实，增强语言的感染力。夸张手法具有很强的强调色彩，在美国俚语中同样可使语言幽默风趣。

新事物的产生。美国俚语的产生及发展和社会及文化的发展不无关系。随着社会的发展，人们对待生活的感知也发生了一定的变化。这些变化导致标准的英语语言很难确切地表达人们的真实感受。于是，人们便不断地更新自己的表达方式，赋予一些旧词新的含义，以使自己的感受得到更确切的表达。许多俚语使用者和网络词的使用者一样，喜欢不断地追求创新以吸引别人的注意。从国家文化方面可以看出，美国人崇尚自由，讲究平等，追求新事物，善于变通。这些都是美国人具有创造力和想象力的根源。由于美国人一切只为寻求新事物，于是俚语的出现总是伴随着新事物、新思想、新技术等的出现，因此俚语便是时尚的体现。每一个俚语都有其自身的产生、发展和流行的过程。有些俚语最后渐渐消失，而有些却变成了标准语。

（二）美国俚语的社会功能

展现和强调说话者的身份。美国俚语的来源丰富多样。它来自社会的各个阶层，涉及生活的方方面面，也归属于生活的每一个阶层。美国俚语被用作表明身份的手段，它主要运用于基本集团或亚文化群成员间，用来作为划分社会群体的标签。由于不同的社会群体或集团使用各自专属的俚语，通过俚语可以显示说话者是属于什么文化类型的群体或阶层，说话者在此群体或阶层中处于什么地位，如行家还是新手等。因此，俚语具有反映和强调说话者的身份与地位的功能，也是展现和强调说话者的身份和地位的最佳途径。其中，青年学生是所有群体中创造和使用俚语的一个大群体。许多俚语单词和短语都是专门由学生创造和使用的。

活跃谈话氛围。随着现代生活节奏的加快，心理压力变大，人们总想用轻松愉快的方式营造和谐幽默的氛围，以打破单调枯燥的环境，摆脱循规蹈矩和陈词俗套。由于标准英语听起来正式庄重，使人感觉呆板沉闷，于是人们便标新立异地创造出许许多多的俚语。这些俚语可以给人的心理带来一定的刺激和新鲜感，也能活跃谈话气氛，使交流双方产生友好的感觉。尤其是在一些随意的场合，如果以一种很正式的口吻讲话，会使别人误以为你在用命令的口气和他们说话。这样的感觉将使你和他人产生距离。相反，如果你使用俚语进行交流，那么谈话气氛便会变得很温馨。在美国，不论是总统还是平民，都爱用俚语来拉近彼此的距离。特别是美国政客，在竞选时为了显示自己平易近人，总是用一些表示亲近的俚语和选民套近乎。

加强群体成员间的关系。美国俚语来自各个行业和亚文化群体所使用的行话和隐语，是社会阶层的隐形标签。美国俚语具有很大的封闭性。在同一个群体内，由于成员间有着共同的利益和兴趣爱好，他们总喜欢用一些特殊的俚语。这些俚语可以用来传达消息和促进群内成员间的交流，强化群体成员的群体成员资格，显示他们在群体中的被认同和归属感，同时也可用来巩固和加强群体成员之间的关系，使他们感觉彼此在遇到困难和麻烦的时候可以互相帮助和依靠。当某一群体受到外来群体的攻击时，专属俚语的使用情况可以显现出群成员对所在群体是否诚心，对抗外来攻击是否合力。因此，通过俚语的使用，群成员能获得一种心理上的安全感和精神上的满足感。同样，说话者可以使用一些特殊的俚语以被某一特殊的群体所接受，或为某一特殊群体感到骄傲和自豪。

表明说话者的情感和态度。在人类社会中，人们共同拥有的心理特征是"自我"。而在社会活动中，人们经常会受到各种行为约束，被伤害，或是得到不公正的待遇。为使"自我"这种深层心理得到日渐成熟的健康发展，人们通常会采取有效的手段来不断地完善或弥补自身不足，或用于发泄内心的不满。这时，俚语就恰到好处地被用来扮演这种角色，以起到协调人类心理平衡的有效作用。可以看出，俚语可起到自我调节、自我愈合的作用。这种作用既有利于群体活动，也有利于家庭交流。这种作用主要体现在俚语被用来表明说话者的情感和态度上。例如，在日常交流中，人们经常会用一些"粗话"。这些"粗话"就是俚语。他们可用来打破禁忌，摆脱约束，以帮助人们表达强烈的情感。不论是普通百姓还是高级知识分子，都会在交流过程中使用俚语，这能很好地表达说话者的情感和态度。

二、高职英语教学特点及存在的问题

（一）高职英语教学特点

高职英语教学目标。高等职业教育是高等教育的重要组成部分，其目标是"以服务为宗旨、就业为导向、走产学研发展道路。培养生产、建设、管理、服务第一线的'用得上、留得住、下得去'具有良好职业道德的高等技术应用型人才"。如何使这些实用型、技术应用型人才，在英语的武装下成为既有一技之长，又能用英语进行日常交流和简单的专业交流的复合型人才，以适应经济全球化的发展趋势，是高职英语教学的目标，也是对高职英语教师的更高要求。

高职学生特点。高职生源情况复杂，有些是通过高考分数线正式录取或降分录取的学生，有些是各个学校自主单招录取的学生，还有些是初中毕业后就直接进入高职院校的五年制学生。他们文化素质各异，专业素质良莠不齐，甚至心理发展情况也不尽相同。大部分高职学生都很有个性，喜欢与众不同，追求时尚。他们行为积极，思想活跃，具有很强的可塑性。在英语方面，虽然由于他们的入学起点各不相同，导致英语水平参差不齐，基础普遍薄弱，但是他们中的大部分人还是渴望用英语沟通交流，喜欢时不时地用一些有趣的英文来表达自己的思想。

高职英语教学内容。高职教育是为社会培养直接从事生产实践的各种专业技术人才。它偏重理论的应用、实践技能和实际工作能力的培养，强调实用性。实用性是高职英语教学的一大特点。高职英语教学始终遵循"实用为主，够用为度"的基本原则。教学内容做到实用性就要求教师必须以学生的需要为中心，以培养学生的综合应用能力为重点，不过分强调理论知识的灌输，而更注重知识的实际运用。学生在课堂上所学的知识要与应用实际及时结合，将所学的知识用于实践，用实践进一步巩固知识。目前，高职英语教学的内容主要是语法、语音、词汇方面的规范运用，使学生在交流时能做到语言运用基本正确，语言使用合乎语境。

（二）高职英语课堂存在的问题

近年来，随着英语教学的不断改革，高职英语课堂出现了许多问题。首先，高职英语周课时不断压缩，大部分高职院校每周不超过两个英语课时，有些还进行大班教学。在这种情况下，许多高职英语教师为了完成教学任务，把注意力全部放在教科书上，采用传统的英语教学方法照本宣科。于是，整个英语课堂环境便是以教师讲解为中心，学生只是负责听和做笔记，并未完全参与到课堂教学中去。这种教学模式导致英语课堂氛围沉闷，学生无法体验英语学习的乐趣。其次，一些职业院校秉着以就业为导向的方针，过度重视专业课而轻视基础课，特别是英语课，使得学生认为所有学习都应围绕就业转，只要不出国，学习英语也没啥用，学好专业课即可，从而英语课上玩电子产品、睡觉，甚至逃课的现象接连不断。最后，英语语言环境匮乏，学生英语学习盲目。高职学生英语学习资源主要是书籍、报刊、广播、电视、网络视频等，非常丰富，而他们并未充分利用这些资源。他们的语言环境相当匮乏，只是一如既往地接触枯燥无味的语法讲解，一成不变地完成课后练习，机械死板地进行单词背诵。所有这些都使得高职学生对英语学习逐渐失去兴趣，对待英语课堂消极被动。

三、高职英语课堂教学中美国俚语的运用

（一）运用课堂教学内容引入美国俚语

由于高职学生对待英语学习主要是死记硬背单词，使得英语学习变得枯燥无味。在对英文单词进行讲解时，教师可根据高职英语教学内容实用性的特点，运用教材内容，穿插讲解一些常见的俚语，并结合讲解和俚语有关的故事情景，这样既能使学生了解一定的美国文化，还能提高学生的英语语言运用能力和交际能力。

例如，单词 Freeze 的讲解，教师除了介绍教材中的基本意思"冰冻、结冰"之外，还可拓展介绍其在美国俚语中表示"站住、不许动"之意，并结合讲解和此俚语有关的事件：在美国，众所周知 Freeze 在口语中表示"站住、不许动"之意。曾经一位留学生因为听不懂 Freeze 在口语中的意思而遭受枪杀。要是这位留学生能知道美国文化中这一俚语的意思，就不会付出生命的代价了。

（二）运用话题引入美国俚语

高职英语课堂教学枯燥无味另一原因是教师按照教材照本宣科。针对此类情况，高职英语教师在课堂上可借助多媒体教学手段，运用话题穿插讲解一些实用的美国俚语。这种方式主要是用于介绍国外的文化习俗。教师根据不同文化习俗主题，把和主题相关的美国俚语图文并茂地用多媒体向学生展示，让学生有意识地模拟交际情景，对附加内容进行模拟训练。这些既能让学生体验学习英语的交际情景，又能激发学生学习英语的兴趣和求知欲望。

例如，在探讨西方传统节日圣诞节时，教师可把和食物相关的美国俚语展示在多媒体上，其中农业产品、餐桌菜肴、食品形状都是生动形象俚语的来源。如"Cabbage, kale, lettuce"原意分别是蔬菜中的卷心菜、甘蓝菜和莴苣，但它们在美国俚语中都可用来指money 钱、纸币的意思；"cookie, honey, peach, tomato"原意分别是饼干、小甜点、亲爱的、桃子和西红柿，但它们在美国俚语中都可用来指女性。另外，一些和食物有关的词还能用作形象的用语，如"to brew a plot"指策划阴谋，"to receive a chewing out"指挨了一顿大骂，"to find oneself in pickle"指发现自己处于困境。

（三）运用实例对照引入美国俚语

语言不同，则文化不同。高职英语课堂教学存在的种种问题最根本的原因则是东西方文化的差异。学生缺乏一定的文化背景知识，便无法体会学习英语的乐趣。美国俚语作为美国文化的一个缩影，可以很好地用来弥补这一块的空缺。教师应指引学生正确地对待和学习美国俚语。在高职英语课堂教学过程中，教师可根据高职学生的个性特点，运用实例对照引入美国俚语。这些实例可以是体现美国俚语的不同特点，也可以是根据美国俚语的社会功能，注意俚语的使用场合。这样可使学生在体会文化差异的同时，提高他们学习英语的积极性，从而活跃课堂教学气氛。

例如，"好久不见"常被中国人用来见面时打招呼，翻译成英语时是"Long time no see"的意思，这一表达曾是非常流行的俚语，而现在已成了标准语。"没门"表示完全拒绝，翻译成英语是"No way"，这也是当今英语中的流行语。"cold feet"原意是双脚发冷，在俚语中暗喻腿软、胆怯、退缩等。"go up in smoke"原意是像烟雾般升起，在俚语中指成为泡影。

综上所述，根据美国俚语的特点和社会功能可以看出，美国俚语可使交流变得生动形象，方便实用。对于现代英语学习而言，很有必要扩大及加深对美国俚语的了解和研究。这有利于现代英语的发展，特别是英语口语的发展。因此，把美国俚语作为一种教学手段，适时巧妙地融入高职英语教学，可以有效地降低不同文化间差异所带来的不利影响，促进学生掌握英语语言技能和灵活运用英语语言知识。这样，不仅能提高高职英语课堂教学效果，还能有助于把学生培养成符合现代社会需要的人才。

第四章　高职英语自主学习理论

第一节　互联网的高职英语自主学习焦虑问题

学生在进入高职学习阶段后，英语学习也更多地需要靠课后的自主学习来巩固提高。特别是在互联网教学及学习兴起的当代，高职学生在英语自主学习过程中会带有焦虑情绪。本节分析引起高职学生英语自主学习过程中产生焦虑的原因，并提出相应的缓解策略。

一、互联网对高职英语自主学习的影响

在当代英语教学中，为了满足当下对人才的需求，在2010年教育部颁发的《国家中长期教育改革和发展规划纲要（2010—2020年）》中强调了网络教与学的重要性和必要性。可见高职英语教学也要充分利用好互联网资源和平台，培养学生必备的终身受益的自主学习能力。互联网对高职学生英语自主学习的影响也是非常巨大的。

互联网提供了海量的学习资源。相对于传统的通过大量的书籍阅读来获得信息，互联网为学生打开了一个资源丰富的学习宝库。

互联网提供了课后交流学习的平台。这个平台除了给学生提供发帖交流的机会外，还能让教师在课后继续提供理论支持以达到指导和监督学生的作用。

二、高职学生网络英语自主学习中遇到的问题

首先，在网络环境中学习英语是把双刃剑。面对不受时空限制的丰富的英语学习资料，高职学生不知道如何来选取合适的材料进行学习。很多学生也缺乏适当的英语学习的策略。长此以往，不仅浪费了宝贵的时间，也没有取得好的学习效果。

其次，基于网络的高职英语自主学习必须依赖学习设备，最常见的就是电脑和网络，目前很多高职学生都使用智能手机进行网络英语学习，因此会出现由于电脑手机或网络等原因，学生耗费比较多的时间用于网页的打开或刷新。

在网络英语学习的过程中，特别是在做听力和口语的相关练习时，对环境的要求比较高。因此嘈杂的环境很容易影响练口语或做听力练习的学生，给本来听说方面就薄弱的学生造成焦虑。

最后，高职学生的网络英语学习通常都是在课后进行，因此教师如何及时有效地对学生网络英语学习的结果进行反馈也是一个很重要的方面。学生在课后进行网络平台作业或自学的时候，很多会利用网络资源去解决一部分的词汇语法问题，但有一部分的问题还是需要在教师的指导下完成。因此，教师及时有效的反馈对学生网络自主学习具有重要意义。没有教师的及时反馈，学生学习的连续性会受影响，也会造成对自主学习效果的不确定性，影响后续的学习安排和自主学习的情绪。

因此，要使网络英语自主学习真正成为高职英语课堂的有效补充和延伸，只有先解决这些外部的干扰因素，才能发挥网络英语学习的优势，实现更好的发展。

三、缓解高职学生网络英语自主学习焦虑的对策

虽然网络为高职学生的英语学习提供了很多有利条件，但是高职学生英语基础参差不齐，焦虑情绪也是非常普遍的，这种负面的心理状态极大地妨碍了学生英语学习能力的发展，同时还挫伤了学生的自信心。因此教师要探究缓解焦虑的对策来进一步提高高职学生网络英语自主学习的效率。

课堂教学重视学生的英语基础知识和技能的巩固提高。好的语言交流离不开好的基础知识和技能，无论是在线下还是线上，学生只有积累了一定的英语词汇、语法，掌握了语音知识，了解了文化差异等才能更好地去学习交流。课后的网络英语自主学习已经成为高职学生提高英语水平的重要途径，在课堂中掌握的英语知识和技能也是顺利完成自主学习的保证，也是缓解学生个体在自主学习过程中产生焦虑的重要条件。

引导学生建立网络英语自主学习的自信心。语言学习是个复杂的过程，涉及很多方面。高职学生入学前英语水平个体差异较大，在英语学习上，更多地需要引导他们建立自信心。

首先，要让他们接受语言学习过程中由于语境或文化准则等不同必定会出现不确定性，学习语言不是学习科学，要学会提高对不确定或模糊的知识点的忍耐度。这种忍耐度会让学生不惧怕在网络英语自主学习过程中的困难，减少引起焦虑的因素。

其次，教师可以以小组或团队合作的方式组织网络英语自主学习。研究表明，学生个体在团队中合作完成任务时焦虑感会大大降低。因为学生不再担心由于自己能力的限制完成不了任务，相反通过合作，大家通力协作、取长补短，成功完成的可能性也随之增加。因此，每个团队成员的自信心会有极大的提升，最后达到共同进步的目标。

教师要对学生的英语网络自主学习进行及时合理的反馈。目前高职学生的英语网络自主学习主要通过线上作业的完成、各类视频音频的观看模仿、课堂笔记的整理交流、线上论坛讨论等方式进行。所以教师对学生在网络上完成作业的情况要进行及时合理的反馈。对于高职学生，目前也有一定的课业压力，而网络英语自主学习会占用一些时间，因此对于及时完成作业的学生教师尽量以鼓励为主，主动发现学生的闪光点，给予情感上的正面激励，使他们乐于接受并积极完成这些课后的学习。愉悦的心理也会有效缓解学生网络英

语自主学习的焦虑。

总而言之，网络为高职英语自主学习开辟了新的根据地，使英语自主学习到了新的层次和高度。在翻转课堂、微课慕课全面来袭的今天，高职的英语教学也发生了很多前所未有的改变。学生有了更多的自主学习机会，但同时也对教师提出了新的要求，特别是在网络英语学习过程中，教师对学生的沟通和指导都有别于以往传统的面对面的模式，因此教师对学生各方面状况的了解都有一定的滞后性。在如何提高高职学生在网络英语自主学习中的自我效能感，提高学习效率等方面，需要我们一起继续探索、不断改善，期待找到最优化的解决办法。

第二节　高职英语自主学习中心的建设

网络背景下高职学生学习英语的生态已经发生了重大变化，高职英语教学应遵循知识建构理论和英语语言学习规律，为学生创造自主学习的环境和条件。高职院校英语自主学习中心的建设不仅是课堂学习在空间上的延伸，更是课堂学习在内涵上的拓展，应合理确定并发挥其功能作用，并加强运行管理，形成学生英语自主学习机制，为提升学生英语学习质量做出努力，把中心建设成为"让学习发生"的地方。

一、必要性分析

随着网络多媒体技术的高速发展，教育新技术开始重新塑造教育者和学习者教与学的生态。美国《地平线报告》（2015 高等教育版）指出，教育技术日新月异的发展，有效地推动了教学、学习和创造性的探究。翻转课堂、混合式学习、学习时间与空间的重构及其交替变化，均对高等教育产生了重要的影响。近年来，随着高职英语教学的不断改革与实践，建立在学习者主体性地位凸显的基础上，教师课堂教学和网络背景下的高职英语"大课堂"建设及其隐性教育资源开发的自主学习环境不断形成，并成为学生自主学习的主要路径，传统单一化的课堂教学逐渐被多元化、多样化的学习模式替代，这是现代社会高职英语教育的大趋势。

（一）调查与分析

通过对杭州万向职业技术学院 2014 级新生的问卷调查，初步得到并掌握该年级学生的英语学习现状。在调查中，随机抽取各专业班级每班 5 人，发放调查问卷 215 份，回收210 份。从调查问卷反馈的情况来看，被调查学生中，78% 的学生有意愿学好英语，46%的学生信心较大；针对学习方式，70% 以上的学生认为课外学习是主要形式；针对学习资源，85% 的学生希望提供更好的自主学习环境和条件，同时希望教师给予全方位的课外学习指导；在期待的英语学习条件中，82% 的学生希望能够和外教直接交流，22% 的学生希望有机会到国外短期留学。通过调查可以得出结论，高职学生的英语学习效果的取得不能仅仅依靠课堂教学，尤其不能依赖学生被动式的学习方式。构建良好的平台，为学生提供自主学习环境、资源和辅导支持，用先进的教育技术提高学生的学习成效，是推动高职学生英语学习提升的主要路径。

（二）自主学习的理论基础

自主学习的概念是 20 世纪 80 年代由 Henri Holec 提出的，其本质是主张教育必须以学习者为中心，重视培养学生的自我认知、自我激励、自我评估、自我反思能力，从而使学习成为一种自觉行为。在教学过程中，教学活动的重心应该从教师转向学生，学生的思想、情感、体验和行为是教学的主体，教师应成为学生学习的促进者，为学生提供各种学习资源，营造学习氛围。同时，建构主义理论认为，知识只能主动建构，而不是被动接受，学习者的学习过程是一个主动参与的过程，认知、意义理解、独立思考等意识的形成将成为学习活动和过程的重要因素。教师在教学中应强调通过发现学习使学生开发智力潜能，调节并不断强化学习动机，逐渐形成学习意识、习惯和行为，从而提高学习效率。高职英语作为语言学习，课堂教学不应该是主要方式，高职院校和教师应根据英语知识及能力的建构原理，搭建平台，通过声、像、语言、肢体动作及学生间的相互交流，逐渐树立并掌握英语语言的认知规律。此外，高职学生的英语学习具有极大的选择性，学生由于出国、升学、就业等的不同将构成对英语学习的个性化需求，因此，高职英语自主学习平台的构建应体现不同学习主体的需求，切实体现以"学习者为中心"，使选择性的英语学习成为特色。

二、自主学习中心的构建

（一）主要功能

高职学生英语自主学习中心（以下简称"中心"）应体现以下功能：

语境建设功能。对于高职学生而言，英语学习最大的障碍来自缺少英语交流的环境，这也是形成"哑巴英语"的主要原因。中心不仅能提供影像、图片等英语学习材料，而且能安排专门的外教组织活动、提供外教一对一或一对多的小组对话以及咖啡吧、酒吧等英语交流场所，营造舒适的英语学习氛围。

语言输入功能。根据 Krashen 的"输入假设"原理，英语语言输入的必要条件是可理解性，即学习者随着练习和应用时间的递增，语言可以达到自然输入并能够在学习者身上逐渐形成理性认识，流畅的表达能力会自然出现。对此，高职英语自主学习中心应具备可理解性的语言输入功能，中心应提供完整的语言输入途径与资源，保证语言输入具备理解性、恰当性、完整性。

语言输出功能。根据 Krashen 的观点，Swain 提出了语言学习功能的"输出假设"观点，即语言输出应该具备刺激、假设验证、元语言三种功能，学习者应当在有机会使用所学语言的基础上，反复练习才能达到较为流利的水平。因此，中心的建设应以各种手段使学习者产生足够的刺激、假设验证，使学生在语言输出过程中进一步分析并掌握英语语法、句法以及用法。实践证明，这种遵循英语语言学习规律的学习效果远远超过单一的课堂教学效果。

群体交际功能。语言交际能力是一个人语言能力的综合体现，根据 Leech 语言交际理论，语言交际过程受三个方面的制约，即输入限制、输出限制和语法限制。因此，中心以多种渠道增加学生英语语言的输入源，创造多元化、多主体的语言交流机会，激发学生英语语言的有效输出，在不断的交际过程中进行英语知识及能力的反复建构。

（二）基本架构

为了充分实现中心的上述功能，满足高职学生自主学习、不断提升英语水平的需要，2014 年，杭州万向职业技术学院在充分调研的基础上，建立了近 1000 平方米的英语自主学习中心，该中心的基本架构主要包括：文字资源区、影像区、听力辅导区、阅读辅导区、口语练习区、考证辅导区以及咖啡吧、酒吧等。

（三）资源配置

首先，提供丰富的语言学习信息资源。中心除向学生提供足够的英语学习所需要的书籍、杂志和多媒体材料（听力材料、网络材料、视频资料等）外，还建设专门的英语学习空间，如中心设立了 5 个视频小间，每间可同时供 3 ~ 5 名学生在线学习或观看视频资料。

其次，建设网络学习平台。中心依托朗文自主学习平台，实现学生自主测评英语水平，在资深教师的帮助下调整英语学习策略，制订英语学习计划，在英语学习计划的指导下进行自主学习，或完成平台学习任务，随时监控自己的学习状态，调整自主学习计划，评价学习效果。

最后，建立外教辅导团队。杭州万向职业技术学院每年聘请外教 15 人，外教的教学重心是在英语自主学习中心各功能区，为学生提供指导，外教与学生共同组成学习小组，每周以外教为主导组织 3 ~ 5 项英语活动，如在咖啡吧和酒吧中担任经理等，努力使学生在真实的语言环境中进行体验式学习。

三、运行方式

中心的运行应体现实用、高效、简洁、便利的原则，中心不应是一个以管理为导向或以教师为中心的教学场所，也不仅仅是英语课堂教学之外的第二课堂，它是一个开放、自由、互助、体验的学习空间，为师生创造英语自主学习的时间与空间条件。中心运行应具备以下条件：

（一）中外教相结合的支持团队

实践证明，在英语教学中，中外教各有优势和特点，充分利用丰富的中外教英语教学团队，可以发挥各自教学所长，支撑中心的各项功能。内容包括中教团队定期到中心与学生面谈，帮助学生分析英语水平并制订学习策略，定期协助组织英语活动。外教团队与学生进行小组对话，也可以组织各项英语活动；在此基础上，中外教团队定期召开研讨会，讨论自主学习中心的运作及学生学习中遇到的新问题。

（二）课内课外相结合的英语活动

中心与日常课堂教学应形成健康、良性、动态的互动，学生在中心可以随时找到课堂学习之后的拓展材料，也可以使用软件来验证课堂学习成果，一些不适合在课堂教学中开展的大型活动可以以英语活动的形式在中心开展，从而形成"大课堂"的教学环境，弥补单一课堂教学的不足。

（三）线上线下相结合的学习方式

中心应有专门且配备网络资源的自主学习环境，使学生随时可以进行在线平台学习或英语网络学习。同时，中心的中外教为学生提供面对面的指导与交流，帮助学生分析学习现状，调整学习策略，提供口语交流的机会，这种线上线下相结合的方式实现了显性和隐性学习方式的互补，有助于帮助学生解决学习过程中的碎片化和孤独感。

（四）个人学习与小组活动相结合的学习模式

根据克拉申（Krashen）的二语习得理论，英语教育者应使学习者在掌握所需要的大量有意义的语言输入之后，通过对语言的使用逐渐完成潜意识的知识建构，能够在自主学习环境中逐步在教学资源支持和教师指导下完成语言学习的过程。高职英语教学应遵循英语语言学习规律，在听、说、读、写四个方面根据相应的知识与能力建构的逻辑线路，使学生在语言学习与交流环境中能够有效地进行语言的输入和输出，实现语言能力的提升。此外，高职学生在英语自主学习中缺少元认知策略，所谓元认知指的是"反省与指导自己的思维的过程"，高职学生要想成为自主学习者，就必须学会评估任务的要求。评价自己的知识和技能，设计自己的学习方法，监控自己的学习进步，并根据需要调整自己的学习策略。而这些单靠学生个人是很难实现的，就是靠课堂教学也无法实现。

（五）教师指导与学生自主学习相结合的学习生态

在中心日常运转过程中，教师是富有责任的。英语教师应帮助学生制订学习计划，指导学生掌握学习方法，调整学生学习策略，解决学生学习中的疑难问题，对学生的学习效果进行评价。因此，强调学生自主学习并不是鼓励学生"放任式"学习，教师指导的质量和成效是良好的学生自主学习生态形成的保证条件。

以本校环保专业的李同学为例，他已经参加过 CET4 考试，在听力和阅读方面失分较多，当他来到自主学习中心后，可以参加英语水平在线测试平台（Online Testing Platform）对自己的英语听、说、读、写各方面的能力有准确的判断，也可以直接找 office hour 值班教师，提出自己的问题，值班教师会根据测试成绩及面谈情况帮助李同学分析学习方法，调整学习策略，制订学习计划。自主学习中心有充足的文字及影像资料供李同学参考，他也可以参加自主学习平台的在线学习，并随时了解自己的学习进度。作为高职学生，李同学有时候发现学习没有头绪，进步不大，这种情况下他可以到专门的听力、阅读、考证辅导区与教师预约学习时间，接受中外教师的一对一辅导。学习到一定阶段后，教师会根据李同学的在线自主学习平台进展及学习计划完成情况帮助他进行反思，重新调整策略，以达到循序渐进、不断进步的目标。此外，李同学还可以参加外教组织的英语活动，与其他学习者进行小组学习，或者在咖啡吧进行英语交流。

四、英语自主学习中心建设的思考

作为一种新型的学习生态，英语自主学习中心的运作还不是非常成熟，在培养学生自主学习能力过程中依然有很多问题亟待深入思考，找到解决办法。

首先，如何与课堂教学紧密衔接，构建混合式学习生态。英语自主学习中心与课堂教学都是学生语言习得的重要途径与场所，面对未来英语教学改革形势与教育技术的发展，如何让二者有机结合起来，形成线上—线下、课内—课外、课堂—中心的混合式学习生态需要不断的摸索。

其次，如何让大数据更好地为英语自主学习能力培养服务。大数据时代，可以根据大数据来描述学生的学习趋势与动向，因此非常有必要利用大数据技术来优化英语自主学习中心的相关软件与平台，更加精确高效地指导学生按照元认知策略提升自主学习能力。通过收集分析学生在自主学习中大量的细节数据，掌握学生的学习特征，为促进学生进步提供重要的意见。

最后，如何利用教育技术和学习科学新知识提高学生英语自主学习能力。以学生为主体构建的英语自主学习中心不仅有赖于不断更新的教育技术及软硬件设备，更要不断地吸收学习科学新知识，以科学的理论指导实践，在实践中不断进步。

第三节　后方法时代高职英语自主学习的隐喻

高职英语教学是一种具备自身鲜明特点但又比较复杂的教学形态，由于同时包含高教性和职业性、基础性和专业性等多个方面，因而在教学方法选择上存在多种倾向。从发展阶段看，中国的高职教育起步很晚，高职英语教学或者模仿大学英语教学，或者直接引进西方教学理论。这种跨代际的发展使得中国高职英语教学未在方法时代发展成熟便直接进入后方法时代。在后方法时代，学校与社会、学校与教师、教师与学生、学生与社会之间的力学关系更加紧张，社会对学校、教师、学生的要求更高，尤其对学生的综合素质要求更加全面。在这样的环境下，自主学习成为重要的改革突破口，自主学习中培养学生的协作意识、技能意识和成才意识也成为后方法时代高职英语教学和学生自我成长的重要隐喻。

纵观 20 世纪的英语教学，教学方法的探索一直占据着主流地位，先是流派纷呈，后是多元并存，目的都是为探寻一种优秀的、更为有效的教学方法。在教学方法的不懈探索中，产生了一系列卓有成效的理论成果，有些成果还根据时代需求不断进行自我调适，与时俱进地满足现实需要。回顾过去，这种对最佳教学法探寻的时代可以称为方法的时代。

在经历了较长时期的探索之后，无论是理论专家还是实际教育者，在实践中发现虽然关于英语教学的新概念和新术语迭出不穷，但由于一些理论只是昙花一现，使得教育者在应用中容易产生"习得性失效"和"生成性遗忘"，从长期看并不利于英语教学。英语教学受社会、政治、教育制度等因素的影响，事实上也并不存在一种放之四海而皆准的英语教学法。当这一现实逐步成为英语教育者的共识之后，方法时代渐渐祛魅，紧随其后的便是理念和主张大有改变的后方法时代。

后方法时代的英语教学与方法时代的英语教学有着较大的差别，不再是追求某种锦囊妙计式的具体的教学方法，而是通过对教学思维方式和教学理念的重新主张，将外语教学推入更加开放、更加灵活、更加有张力的新境界。后方法时代的教学理念反对过去那些把外语教学简单化的做法，强调外语教学过程要充分考虑社会语境、学生的主体间性等各种复杂情况。简而言之，后方法时代不是对传统外语教学法的否定和放弃，而是对方法时代不同方法整合后的扬弃式超越。在这个时代，教育者和学习者的各自身份、教育者和学习者的相互关系被重新定义，"学习者自主"和"教师赋权"成为核心理念。基于这样的理论认识，一些曾经被认为是过时的、内涵简单的教学理论重新被审视并获得新的运用，比如自主学习理论。

从方法论的角度看，自主学习理论强调学生通过自由选择学习方式并能动地从中获得知识与技能、方法与过程、情感态度与价值观的改善和升华。就高职英语学习而言，通过高考进入高职院校的学生再继续进行高等教育阶段的英语学习，其目的不再是简单地学习语音、语义、语法等语言本体的知识，而是要学习如何使用英语并与自己所学的专业、未来的职业相联系。与此相适应，新的《大学英语教学指南》明确要求大学英语教学可采用任务式、合作式、项目式、探究式等方法，教学目标是培养学生的英语应用能力，增强跨文化交际意识和交际能力，同时发展学生的自主学习能力，提高综合文化素养，使他们在学习、生活、社会交往和未来工作中能够有效地使用英语，满足国家、社会、学校和个人发展的需要。由此可见，在后方法时代的高职英语教学中，自主学习之所以再次受到青睐，是因为这种学习策略中暗含着关于学生成长的重要隐喻。

一、自主学习中生成协作意识

中国古代的教育思想认为"独学而无友，则孤陋而寡闻"，这意味着学习讲究自主但并不是单枪匹马式的个人自学，其内在要求学习者相互之间进行协作。在西方，从古罗马时期便对协作学习高度重视，昆体良派就认为学生互教能够增益。时至近代，学习中讲求协作的意识进一步通过一些学习框架的设计变换为具体的学习技术。从 1700 年兰凯斯特和贝尔两人在英国首创协作式学习方法，到 1894 年实用主义大师杜威在芝加哥创办协作式语言学习教学法"实验学校"，学习中的协作意识一路发展。这种主张教育应以学生为中心，教师在学生的学习中重点起协助、支持和辅导的作用，学生的自主学习才是获得知识的主要途径，到了 20 世纪七八十年代这种学习策略更加深入人心，越来越多的教育者和学习者认可了在教学中通过组织学习小组，使学生在相互协作、自主学习中最大限度地促进自己以及他人学习的学习模式。

毋庸讳言，很多理论家和教育工作者曾对高职学生开展自主学习表示过强烈的担忧。理由在于自主学习对学生的自制力和自律性、主动性和能动性有很高要求，相互之间开展合作对于当下注重个人主义、时时处处点点滴滴都要彰显个性的高职学生而言也非易事，加之协作中还天然地包含一种竞争关系，学习者的人文素质也要经受群体动力学理论的考验，所以在实际教学中并不可行。但从另一个方面看，在高等教育阶段，传统的布道式教学在课堂上已经很难受到学生的欢迎。从人的成长阶段看，这一时期的学习应该是带有探究性的发现过程和问题解决过程。相比方法时代的学生，当下的高职学生视野更加开阔、思维更加活跃、反应更加灵敏、遇事分析的方法和渠道更多，也更敢于公开亮出自己的观点。随着时代和信息的发展，学生整体上呈现一种积极求索的创造精神，对自主学习的渴求更加突出。高职英语教学在层次上属于高等教育，在性质上属于职业教育。虽然在学院的具体学科分类上属于公共基础课，但其本质是为专业技术学科服务的。由于高职院校的英语教学与专业学科联系紧密，其教育方式也应不同于传统的以听、说、读、写、译为核心的语言教学方法，在学科特点上具备实施自主学习的可行性。语言的运用本身就具备社会性和交际性特点，所以在自主学习组织中实现协作和共赢也具有内在规定性。

笔者曾在教学中选择了一个女生占 80% 的班级开展了一次教学实验，由同宿舍的六名同学合作组成一个学习小组，制作一个关于衣着搭配的课件。之所以选择这一题目，原因在于大学阶段的女生对穿衣打扮十分关注，而且在网购时对何种体形选择何种衣服颇有心得，以此为题可以获得学生的有效关注和参与。另外根据观察得知，此宿舍六名同学彼此在生活中常有罅隙嫌怨，能否在一个自主学习的主题凝聚下有效开展协作，也是对该理论的一个检视。在这个过程中，笔者没有刻意进行过程控制，只作为一个观察者出现。六名同学很快完成了分工，其中五人确定了各自分工中的交叉点和融合点，平时较为疏远的一名同学选择轻度参与，只负责选择图片。课件制作过程比较顺利，后期处理时，字幕编辑和配音环节选择了平时写作和语音比较好的两位承担。一切似乎进行得十分顺利之时，选择图片的同学主动提出将英文字幕翻译成中文。这是任务之外的一项工作，其中四名同学表示没必要，另外一名同学表示可勉强接受。要求翻译的同学则表示如果对翻译的质量不满意，可以选择弃用。出乎意料的是，该同学将课件的题目 "How to Choose Suitable Clothes" 翻译成 "人各有衣"，并解释说此语借鉴《纽约客》总编 E.B. 怀特的《人各有异》，此举获得小组同学的一致赞赏，并打破了长久存在于她和同学之间的生活矛盾。事后交流中得知，该同学对于一开始不能深度参与活动非常伤感，并在自尊上希望通过有效介入获得认可。事实证明这一正能量的想法最终获得了成功，并在一组同学中产生了罗森塔尔效应。参与自主学习的这一组学生在相互协作的过程中不仅加深了对英语知识的运用，还加深了对协作的深刻理解。可见，在自主学习中生成协作意识，不仅是可能的、可行的，也是可操作的和可控制的。而在自主学习中生成协作意识，正是自主学习适应后方法时代高职英语教学的重要依据。

二、自主学习中生成知识迁移

当下时代的显著特点是知识的爆炸性增长以及知识更新速度的不断加快，伴随着这个特点产生的是知识的自我迭代和自我升级。这一时代特点带给教育的挑战在于只给学生提供一些固定的知识已经无法满足学生的需要。在这样的时代需求下，学生利用已经获得的知识作为元知识，以元知识为储备建立起关于知识的元认知，在元认知的基础上培养出关于知识学习的元技能，进而生成学习过程中自我计划、自我协调、自我监控、自我成长的能力才是学习的核心目标。换言之，学习最重要的不是学习具体的知识，而是在学习中获得一种面对陌生知识时利用原有的知识进行准确认知的能力，这种带有方法论性质的能力即是知识迁移能力。

无论在教育技术学、教育心理学还是机械控制论上，知识迁移都是一个复杂难解的问题。教育心理学认为，迁移是一种学习对另一种学习的影响，这种影响可以使已经习得的经验得到进一步的概括和系统，最终建立一种相对稳定的心理结构，以此来调节人的行为。从最终的效果来看，知识的迁移可以分为两种：一种是对学习起促进作用的，叫正迁移；另一种是对学习起阻碍作用的，叫负迁移。如何获得正迁移而规避负迁移，就需要学习者具备比较高超的知识迁移能力。如何感知和处理新的情境，如何在新的情境里链接整合已有知识，如何在以往的经验基础上认知新问题、解决新问题是知识迁移能力的核心内容。这种内容导向的方法论如果是机械的、被动的学习就无法实现知识之间的融会贯通和举一反三，只有积极地建构自身的知识网络，才能有效地发现问题的本质和内在规律，进而找到解决问题的办法。这种对积极建构知识的能力要求，在教育心理学中属于元认知范畴，元认知与自主学习恰恰又是紧密关联、密不可分的。

元认知其实是学习者对运用相关信息解决问题的一个过程，是认知技能形成中一个过程性的自我意识和自我调控。一般认为元认知有意识和调节两大功能。前者能够使学习者建立正确的学习观，将自身的学习当作他者来看待，如此则不仅对学习者的主观状态、知识储备和学习目标有准确的评估，还能够辨别学习对象和学习情境的特点，从而根据不同的情境选择不同的学习策略，进而根据相似的情境调整学习策略，形成学习策略在不同情境中的迁移。后者则能够根据学习过程中反馈的信息对学习活动进行过程控制，及时判断、评估学习活动的质量和效果，并根据过程需求调整学习策略，从另一个侧面实现策略的重建。从教学实践看，优生和成绩平平的学生最大的差别就在于学习方法的不同，实际上就是元认知技能水平不同造成的。

元认知作为一种认知模型，从其意识功能和调节功能的生成逻辑看，学习者需要根据不同场景选择不同策略，依照不同需求选择不同方式，在这种因地制宜、灵活应变的方法论要求下，自主学习是最佳选择。通常能够进行自主学习的学生，元认知技能水平总是略高一些，知识之间的迁移、学习策略之间的迁移总能顺利实现。自主学习中的主动性、能动性比被动学习和强制学习更容易增加知识存量，并可区分何为有用的、积极的知识，何为无用的、惰性的知识，更顺利地实现知识迁移。当下很多院校正在开展 ESP(English for Specific Purposes) 教学，这是一种与某种特定职业或学科有关，并根据学习者特定目的和需求而开设的英语课程。在理论层面它重在指明英语教学在面对社会需求时如何与专业课程进行结合，对于如何实施教学并没有强制性，不同的学科完全可以根据自身特点进行教学策略的设计。理论上说这是一种非常开放、张力很大的教学主张，实践中却未得到广泛实施，已经实施的院校教学效果也不如预期。出现这种情况的原因是多方面的，有技术操作方面的原因，有师资结构方面的原因，有理论与实践结合不当方面的原因，等等。与此同时，也有一些学校取得了有效的成果。根据相关调研得出的结论，这部分院校取得成功的原因不在于教师、教材和教法，而在于学生有效地开展了自主学习。通过自主学习，将英语作为工具性知识应用于专业课的学习，从而实现了 ESP 设计的英语学科与专业的深度融合。

三、自主学习中生成成才自觉

近年来，随着"互联网＋"、中国制造"2025 计划"等国家宏观战略的调整，我国在全球产业分工和全球治理中的角色越来越重要，相应地对职业院校培养人才和企业使用人才的要求不断提高。要适应这种变化，高职院校在教育过程中应更加注重对高职学生综合素质的培养。高职教育的人才培养不仅要针对某一岗位或岗位群，而且要针对学生再就业或多次就业的可持续发展能力的培养，还要为学生包括创新能力、动手能力、职业道德和操守、管理知识和服务理念在内的全面素质的提升打下基础，这给以前"单一"的人才培养目标仅仅通过"单一"的教学课堂就能够实现培养任务的模式提出了新的挑战。在这种刚性需求下，自主学习不仅是课堂教学内容的有效拓展，还是培养学生职业能力和成才自觉的一个重要途径。

在高职教学中实现成才教育，让高职学生生成成才自觉绝非易事。国务院下发《关于加快发展现代职业教育的决定》以后，职业教育显示出一个比较好的发展势头，国家对职业教育"高看一眼、厚爱一分"。但从社会总体来看，整个社会对于职业教育的观念并未完全转变，职业教育依然处于"低人一等"的发展局面。现实中，高职院校一方面被国家和社会寄予培养"工匠"的厚望，另一方面又常常被人们视作国民教育体系中的"末流"。

这对于在职业院校求学的学生来说，心理上先天便存在一种低下感，这种低下感的长期存在，让相当比例的学生对学业失去了信心，通过知识改变命运的渴望十分低迷。《2015 中国高等职业教育质量年度报告》显示，有 91% 的 2014 届高职毕业生是家庭的第一代大学生，52% 来自农民与农民工家庭，这些学生普遍存在着学习经历坎坷、自我认同度低、自信心缺乏等问题。这一环境带来的一个严峻的现实是，高职学生总体上呈现出一个身体劣化的倾向，导致学习受到严重阻碍。从身体的本体论看，高职学生身体大体上可分为三种类型：沉重的身体、受伤的身体和躁动的身体。这三种类型的身体都带有明显的消沉、悲观、压抑的性格特征，既充满敏感和自尊，又带有麻木和迟滞，对自己的学业现状、职业前景不够认同但又不肯积极改变，精神状态长期处于二律背反的逆行状态。高职学生身体上呈现出的这种精神逆行状态，亟须一种强有力的手段进行自信重塑、品格矫正和身体规训。在教学实践中，达到这一目的最好的途径便是自主学习。

辩证地看，高职学生作为一个整体的形象被符号化了，作为个体的形象也被平均化了。实际上高职院校的学生作为成长中的年轻人，自尊和敏感的背后掩藏着一种巨大的学习激情。如很多学生在数学建模、动漫设计、机器人操控等方面展示出了巨大的灵性和才华。如果这些积极的方面被偏见所遮蔽，高职学生自我建构、自我展示、自我实现的平台和渠道都将大大缩小，这将是对国家职业教育整体的伤害。从高职英语的学科本身看，高职英语作为英语语言学习的高级阶段，已经没有新语法现象，也没有哪些内容是必须经过教师讲解才能掌握的。比起专业技术课程，高职英语更加具备自主学习的现实可能性和现实可操作性。在这一阶段的学习过程中，教师的作用在于指导学生如何使用英语语言进行思考，如何将英语作为工具而不是作为学习对象与专业技术进行结合，如何将英语作为一种必备技能融入学生对职业能力的生成。从本质上看，自主学习不是高职英语教学改革的一项单一措施，不能囿于狭窄的视角来检视，应当放在一个更加广阔的背景下来认知。如果说高等职业教育的最终目的是要培养具备知识迁移、职业能力迁移的高端技能人才，以便为整个国家的产业升级服务，那么长远地看一个人只有具备自主学习能力才具有生命成长中的核心竞争力。高职院校作为国家产业提升的人才培养基地，培养目标不是就业导向，而应是生涯导向。培养的学生最终是应符合国家产业发展需要，而非仅仅满足于短期就业。作为高等教育的重要方面，高职院校的人才培养逻辑应该从知识本位到能力本位，从能力本位到素质本位，从素质本位最终到人格本位。只有在这样的逻辑顺序下，高职英语教学才能完美展示出学科自身的高教性、人文性特点，促进学生形成成才自觉意识。

第四节　网络平台下高职英语自主学习模式

自主学习是与传统的接受学习相对应的一种现代化学习方式。网络自主学习模式要立体化、多样化、个性化；学习模式要"以教师为主导，以学生为主体"；评价模式要多元化，具有科学性。

在网络化、信息化迅猛发展的今天，利用网络平台进行教学早已成为高职院校的一大举措。对于英语这门语言类学科来说，网络平台体现了它的极大优势。对于高职学生而言，自主学习能力是他们应该具备的职业核心能力中非常重要的部分。本节将从以下几方面论述网络平台下高职英语自主学习模式的基本特点。

一、自主学习的定义

自主学习是与传统的接受学习相对应的一种现代化学习方式。以学生作为学习的主体，学生自己做主，不受别人支配，不受外界干扰，通过阅读、听讲、研究、观察、实践等手段使个体得到持续变化的行为方式。自主学习者需要具备八个方面的能力：制订和调整学习目标的能力，判断学习材料和学习活动的能力，选择学习材料和内容的能力，选择或设计学习活动方式的能力，与教师和其他学习者协商的能力，监控学习实施情况的能力，调整情感因素的能力和评价学习结果的能力。

但是高职学生普遍自主学习能力不足，英语基础较差，因此需要设定符合他们特点的自主学习模式。

二、网络平台下高职英语自主学习模式的基本特点

（一）学习模式要立体化、多样化、个性化

网络化自主学习不但给学生提供了时间、空间、学习内容的极大便利，让学生在适合自己需要的条件下充分地利用学习资源，网络还以本身的优势给学习者提供了多层次、多维度的情境。而且网络结合多媒体技术，以图、文、声、像并茂的形式塑造出了这种生动的学习情景，是能够提供视、听、说多种感官的综合刺激的情景，能高度调动学生的学习兴趣，有利于他们对知识、技能的获取和长时记忆，这方面的优势对有着高强度、大量记忆特点的外语学习非常有利。

教师要尊重学生的个性差异，实施个性化学习策略。教师要重视学生的英语语言认知个性差异，帮助学生根据自己的实际情况选择适合自身的学习策略，并鼓励学生不断努力和坚持学习，从而提高学习效果，成为真正的自主学习者。

（二）学习模式要"以教师为主导，以学生为主体"

在高职院校中开展网络自主学习，虽仍要树立以学生为中心的教学理念，但也绝不意味着完全脱离教师的管理，实际上，教师在整个教学过程中要充分发挥其主导作用。没有教师的帮助，学生容易被网络中浩如烟海的信息淹没，感到茫然无助，同时还会被网络的娱乐性吸引，浪费大量时间。

教师的作用应该是帮助学生利用平台进行知识自我建构、提供学习资讯、分层布置任

务、分析个体差异、个别指导、监控学习过程、引导学习、评估学习成效等。

课前，教师要提前制订此门英语课程自主学习的教学大纲、教学目的、教学重难点、教学具体安排，包括上传相关的音视频、微课、课件等相关内容。其中，教学大纲和教学目的要符合高职院校的培养目标，即"实用为主，够用为度"。在教师的指导和帮助下，学生按照教师指定的学习任务进行网络自主学习。在此过程中，学生可以根据自身实际情况制订符合自己的学习计划，边学习边记录问题，并按照老师要求按时进行自我检测。课堂上，教师要统一讲解和答疑学生通过自主学习后遗留下的个别问题，总结重点和难点，使得学生对此门课程所授知识完全吸收。

可见，教师要充分利用网络平台，总结经验，既提高了学生学习英语的兴趣，也培养了学生自主学习的能力。

（三）评价模式要多元化，具有科学性

高职网络英语自主学习与建构主义理论在本质上是密不可分的。自主学习从本质上来说，给予了学生更大的自主权，能够考查学生在自主决策学习目标、方法、时间和长度等情况下，通过自主学习提高学习成效。因此，该理论对自主学习的过程性的强调赋予了教学评价的意义：不仅应关注学生的学习结果，更应注重对学生的学习过程进行评价。

要构建基于网络的高职英语自主学习评价模式，就必须将形成性评价和终结性评价相结合，学生、教师和计算机网络三方相结合。评价方式可分为学生自我评价及相互评价、教师评价和计算机评价三种。

学生可按照网络测试的内容记录自己每次的自学成绩，此外，学生在每次学习后可在"自评感悟"这栏记录自己的学习心得，这样有利于学生在自主学习中不断总结自己的不足。学生之间的相互评价模式也需要教师提前为学生提供范例，使学生之间的互评具有确切的标准。在教师评价方面，主要有两项内容：评价学生的课堂表现和评价学生的网络学习测试。

综上所述，教师要树立"以学生为中心"开展教学的思想，在网络环境下实施个性化、探究式、合作式等自主学习策略，把学生培养成为有自主学习意识、具备信息能力、善于合作学习的探究性自主学习者。

第五节　基于网络的高职英语自主学习生态化

很多高等职业院校的网络学习平台缺乏鼓励学生进行自主学习的相关制度，特别是高等职业院校在英语学习上仍然非常依赖集中授课，这也给很多高等职业院校的教学资源带来了更多的压力。因此，应该帮助高等职业院校的学生更多地运用计算机和互联网技术进行自主学习，从而将自身的自主学习转为生态化。

中国从进入21世纪之后就已经开始进行新课程教学改革，不过从20世纪80年代以来，中国就已经非常重视对自主学习这一个概念的推行，因为自主学习作为一种可以充分调动学生学习的主观能动性的学习模式，并且在教育界也有非常积极的响应。不过因为当时的中国并没有形成配套政策给予支持，加上教育学习的科学技术发展相对而言还处于比较低端的水平，所以当时对自主学习的认知仅仅是停留在一个非常基础的阶段，很多高等院校还没有转变观念，没有真正进入自主学习的范畴当中。这个问题一直到中国进入新课程教学改革的过程当中才逐渐开始走向好转。

一、对高等职业院校学生英语自主学习影响因素分析

（一）自身的因素

从自主学习的行为分析上看，无论是英语教师还是互联网上的资源，只不过是让整个学习进度的速度更快而已，如果要使整个学习过程的效果发挥出来，仍然要依靠高等职业院校的学生进行自主的学习，其自身的综合素质将会决定他们在学习过程当中的综合效果。这一方面的素质囊括很多层面。特别是这些学生实际上根本没有从自身的综合素质状况，着手制订自身的自主学习方案，所以很多学生都成为日常教育的一种固化的跟随者。很多学生根本就没有自己的自主学习意识，他们总是跟随着高等职业院校英语教师的教学，也没有弄清楚自己为什么学习、怎么进行学习，所以他们并没有形成自主学习的习惯。有些学生去高等职业院校学习，其学习方法实际上和之前在小学和中学阶段差不多，仍然是一种服从性的学习，也有一些学生在学习的过程中，只是将一些课程的知识简单地看成一种记忆和背诵的过程。真正掌握学习方式的学生，不会完全陷入被动状态。很多学生其实也有自主学习的愿望，他们也曾经进行过自主学习方面的尝试，但是他们缺乏良好的自我控制力，在学习的过程中往往没有办法及时地完成一些相关的任务，因为一些事情经常耽误了自己的学习计划。很多学生没有办法正确地对待教师对其的训斥，或者是有些学生在学习了一个阶段之后，就开始出现一些骄傲自满的情绪，这些实际上都可能对学生造成一定程度的负面影响。学生的自我调节缺乏系统性，这也影响了这些学生形成具备综合性的自主学习能力。高等职业院校的学生被动地接受各种英语知识，没有真正意义上接受这些相关的知识，所以他们的学习速度也并不理想，他们只是在被动地背诵这些知识，并没有办法真正将高等职业院校的英语知识融会贯通。实际上，习惯性很容易就造成了学生自身学习上的惰性，加上非常多的学生还没有自主学习的能力，所以他们自主学习的整体状况都不太理想。

（二）环境的原因

很多高等职业院校都没有自主学习的良好环境，学校中没有自主学习的氛围，所以他们都没有投入自主学习中。西方的很多高等院校本身就已经有自主学习的传统，他们在整个教育过程中，都非常鼓励学生进行自主学习，这种教育和学习的理念对学生产生了非常

深刻的影响。但是中国的教育模式实际上是一代接着一代传播下来的，只有在近年来才逐渐产生自主学习的转变。西方的学生相对而言其创新能力和自主学习的能力都比较好，但是中国的学生实际上只是将一系列的知识复制一下，然后将这些知识当成自己的创造。这样没有办法培养出学生的自主学习能力。中国学生的自主学习氛围太差，没有形成良性的循环。很多高等职业院校的学生，对于自主学习还有一定的恐惧感，他们对于这种陌生的学习方式没有自己的观点和想法，不能够很好地运用各种资源进行自主学习。

其实，中国学生具备非常大的潜能。这些学生也应该面对各种情况，他们也可以自主地进行学习，但是没有成熟的培养机制带动他们进行学习，所以他们就陷入了一种被动学习的怪圈当中。这其实也是环境因素约束了这些学生自主学习。中国高等职业院校的学生，相对于西方一些国家的学生而言，他们的自我控制能力还是比较好的，他们能够在自我监督的过程当中逐渐形成良好的自我学习素养。但是因为整个中国的高等职业院校的自主学习氛围还没有真正形成，所以很多学生仍然处于被动学习的过程当中，即便是有了互联网以及电子计算机等，也不能够让学生真正提升自主学习的素养。

二、基于网络的高职英语自主学习生态化建设

在国家的大力扶持下，很多高等职业院校都开始形成了互联网学习中心，这些也都给学生的自主学习提供了足够的物质支持。但是很多高等职业院校的自主学习生态并不是非常好，很多互联网的学习平台并没有真正形成鼓励学生持续性地进行自主学习的相关制度，特别是高等职业院校在英语学习上仍然非常依赖集中授课，这也给很多高等职业院校的教学带来了更多的压力。因此，应该帮助高等职业院校的学生更多地运用计算机和互联网技术进行自主学习，从而提升自身的自主学习转为生态化。

（一）对于教师角色的转变

在网络这个基础条件下，所有高等职业院校的英语教师都应该转变自己的教育观念。在传统高等职业院校英语课程教学中，很多英语方面的教师往往就是在课堂上进行单向度的授课，没有顾虑到学生对于高职院校的英语知识的接受程度。在网络的学习生态氛围当中，高职院校教育应该充分注重以人为本，注重教师和学生之间的互动交流，在互联网这个基础上，应该打破传统高等职业院校英语教学中出现的问题，注重对于学生接受程度和英语自主学习能力的提升。实际上，很多高等职业院校的英语教师应该产生从角色上进行转变的思维，从传统的英语知识的灌输者，真正转变成一个英语知识的引导者，帮助高职院校的学生形成一种良好的自我学习习惯和模式。

高等职业院校的英语教师，应该针对高职院校学生英语教学的实际状况，以及网络上的英语教学资源的状况，充分研究制定一个成熟的自主学习的大纲。在自主学习大纲的指导下，使高等职业院校的学生能够找到自主学习的整体方向，能够明确自己在每一个学习阶段应该通过自主学习各种方式从网络上搜索什么样的资源。高职院校的英语教师要充分

考量这些学生的实际情况，并且注重学生之间的差异，将这种自主学习的大纲指引作为一种课堂教学的有效补充，并且为高等职业院校学生的进步提供更为广阔的自主学习空间。

高等职业院校的教师，传统的教学角色主要是教学任务的管理者和组织者。而实际上在自主学习的生态环境之下，高等职业院校的英语教师应该转变成为一个教学过程的组织者和管理者。高等职业院校的教师应该充分根据自身情况，然后按照自主学习的实际条件进行调动，更好地让学生投入自主学习的过程当中。高等职业院校的教师应该组织好各种协作化学习，同时高等职业院校的教师也应该考虑学生在自主学习过程当中的具体情况，从而布置更具趣味性以及应用价值的教学任务，让高等职业院校的学生广泛地参与到各个教学过程，并且让这些学生都参与到合作中，从正面引导这些学生。

此外，高等职业院校的英语教师，还应该在网络教学的基础上，帮助高等职业院校的学生寻找自主学习的团队和伙伴。教师应该从传统的知识灌输者，逐渐变成一个愿意和学生进行配合的共同学习者。而且教师应该广泛利用各种互联网上的多媒体资源，以此帮助学生更好地利用各项资源。在课程教学当中，应该充分根据各种具体的教学安排，运用网络资源进行教学。

（二）学生自主学习过程的转变

自主学习的过程当中，学生要在教师的日常指导之下，主动地学习相关的英语知识。这意味着高等职业院校的学生要有一个自主学习的转变过程。不过很多学生都认为，要形成一种自主学习的过程，实际上就是要完全摆脱传统的英语课程教学，不需要英语教师的指导。在这样一种错误思路的影响下，很多学生在自主学习上没有真正意义上形成一种好的思路。很多高等职业院校的学生在自主学习过程当中，方法和模式都没有形成好，这些实际上都束缚了学生的进步和发展。所以针对学生的实际情况，应该更多地鼓励这些学生认真地学习好相关的知识，并且在高等职业院校教师的正确指导下，认真进行学习。

实际上，对于当前整个网络环境而言，高等职业院校的英语学习实际上可以通过互联网的方式进行沟通，但是仍然还是要以英语教师所提出的方向和指引进行引导。高职院校的英语教师应该将这个学期的教学任务、课内以及课外的学习要求进行布置，包括期末的考核方式等，这些实际上都可以通过网络的方式进行发布，让高等职业院校的学生都能够在自主学习的过程当中做到心中有数，能够有的放矢地去完成日常的自主学习任务。

自主学习还需要高等职业院校的学生根据高职院校的英语课程教学的要求，真正意义上将自己的自主学习英语的任务制订出来，如果没有制订出相关的任务，他们就没有办法将自主学习水平提升起来。对于高等职业院校而言，应该更多地分析当前的学习情况，对高职学生的自主学习小组建设进行支持，给高职院校学生提供一定的网络资源，这样高职院校的学生才能够逐渐形成自我学习的习惯，探索更好的自主学习模式等。

而且高等职业院校的英语教师，还可以鼓励这些学生通过网络的方式进行互相评价，也就是在自主学习的基础上，让学生能够根据自己的实际情况，不断地探索和形成自主学习的模式，对于他们阶段性的学习成果，不要仅仅由高职院校的英语教师进行评价，也应该让更多的学生参与到评价当中。这种评价形式还可以在网络中应用，对于自主学习效果相对比较好的学生，应该鼓励他们将自己的学习经验介绍出来；而对于自主学习效果相对比较差的学生，则是应该通过自主学习的互助机制，帮助这些学生更有针对性地提高自主学习能力，从而培养好高职院校学生的网络英语学习习惯。

对于当前高等职业院校的自主学习教学而言，应该更有针对性地进行提升，帮助学生在英语学习方面不断提升自主学习效率，探索自主学习的方法，这样可以让高职院校的自主学习逐渐转变为更为良好的生态。在这个过程中，高等职业院校的英语教师要充分扮演好引导者的角色，也要让学生充分掌握自主学习的综合模式，根据教师所提出的相关教学指引，更好地制订出自主学习方面的任务，从而运用网络资源逐渐完成自主学习方面的任务，形成良好的高职英语的学习生态，促进高职院校学生的不断进步。

第六节　建立高职英语自主学习中心的探究

学习环境是自主学习的一大前提条件，而自主学习中心则是为了营造最佳自主学习环境应运而生的。由于我国高职外语教师普遍人手不足，学习者课后时间充裕，缺乏学习策略等原因，建立一个适合高职学习者英语自主学习中心非常必要。本节从自主学习中心的不同类型出发，探讨适合高职英语自主学习的中心模式、基本条件、人员配备、活动内容及测试评价，希望为今后建成真正的高职英语自主学习中心提供一定的理论借鉴和参考。

自 20 世纪 80 年代 Holec 正式提出自主学习的概念后，国内外对于自主学习的研究不断深入，从中小学到大学，从理科至文科，无不强调自主学习的重要性。现今我国高职学习者人数增多，外语教师人手相对不足，又加上学习者课后时间充裕，但学习基础较差，往往缺乏良好有效的学习策略，所以更加强烈地需要加强学生的自主学习能力。自主学习有时被理解为一种学生的学习不直接受教师控制的情景，有时被认为是一种学习者对自己学习负责的学习态度。束定芳、庄智象（2009）将自主学习的主要内容归纳为环境、态度和能力。其中，学习环境是自主学习的一大前提条件，没有促进自主学习的学习环境，学习者便无法进行有效的自主学习。自主学习中心是指一个能够容纳各种学习策略的灵活的学习中心（Sheerin，1989），它可以给学习者提供自主学习的最佳环境，因此"满足学习者的个性化需求，使他们能够根据自身的特点，选择自己喜欢的方式和时间，按照自身的节奏来进行学习"（郭丽，2000）。自主学习中心于 20 世纪 80 年代在欧美兴起，1991 年在欧洲成立了高等教育语言中心联会，即 Cercles。至今，欧洲仍是自主学习中心的发展中心。近十年来，香港大学、香港中文大学、香港城市大学等都相继建立了自己的语言自主学习中心，让不同外语水平的学习者能够有一个固定的语言学习场所。但在我国至今仍未建立高职类的英语自主学习中心，所以，本节将探讨高职英语自主学习中心的建立条件及其具体内容。

一、建立自主学习中心的条件

Holec 曾提出建立自主学习中心至少需要满足三个条件，即中心的基本设施必须包括充分、合适的学习资料和资源，工作人员必须接受过相应的培训，以及中心能够向学习者提供有关该系统信息的有效途径。据华维芬（2001）转述，澳洲成年移民教育项目曾根据给学习者提供的自主程度将自主学习中心分成学习中心、撤离中心、序列学习中心、随时出入中心、自我指导中心和学习资源中心六种模式。这六种模式中学习者的自主程度由小到大，其中学习中心的学习者自主程度最小，他们可以在中心里独立完成作业，而学习中心的材料也仅是针对课堂学习的材料，教师则会帮助学习者选择最适合的材料来开展自主学习。学习资源中心的学习者自主程度最大，他们往往在进入学习资源中心前就知道自己的学习策略和获取学习资料的方法，中心会为学习者提供丰富多彩的学习材料，而教师则主要帮助学习者查找或出借学习资料。当筹建自主学习中心时，选择哪一种模式都需要考虑建立自主中心的原因，建成后使用者是谁以及中心日后的工作人员三个问题（Miller & Rogerson-Revell，1993）。对于高职类的英语自主学习中心，因高职学习者的特点，则可以把学习者的自由度掌控在随时出入中心或自我指导中心之间，即有一定的自主程度，中心材料广泛，但需在教师的帮助和监督下完成。

自主学习中心需要具备的基本功能包括提供自主语言学习材料以满足独立学习者的使用需求和通过鼓励学习者发展学习策略、反思学习过程及承担责任等学习方法，让学习者能够按照自身的特点，用自己的方式进行学习（Gardner & Miller，1999），其目的还是为了培养学习者更加独立学习的能力。从这一点来看，自主学习中心就有别于图书馆的自习室。在自习室，虽然有大量的学习材料和资源供学习者选择，但没有相应的工作人员对他们进行引导和鼓励，对于本来就缺乏学习策略的高职英语学习者来说，自主学习中心更适合他们。相比本科和重点院校的自主学习中心，高职类的学习材料可根据学习者的需求，重点强调听说读写技能和行业英语，对于语言研究方面可适当降低。自主学习中心除了提供自主语言学习材料之外，还应满足其他物质条件。郭丽（2000）在研究英国中央兰开夏大学语言学习中心时曾列举了自主学习中心的主要设施，其中包括多媒体电脑（网）、卫星电视、放像机、录音机、复印机，还需要有引导学习者如何使用这些资料的辅导系统。这些硬件设施在筹备高职英语自主学习中心之初就应考虑在内，且学习资料可以多偏向当前问题和社会问题等方面的学习题材，这样可以更具趣味性，提高学习者自主学习的积极性。关于高职英语自主学习中心的人员配备，通常有中心主任、辅导教师、图书资料管理员、技术人员和其他服务人员（华维芬，2001）。中心的主体人员为辅导教师，其可以由课堂兼职教师和固定全职教师组成。自主学习并不意味着学习就是学习者一个人的事，在自主学习中心学习需要一定的技巧和知识，所以，辅导教师除了指导学习者操作中心设备，提供自主学习策略的培训（包括语言学习技巧，如使用字典和词汇记忆的技巧，学习策略等），还要不断鼓励学习者进行自主学习，增强他们的自信心和主动性。在这一点上，高职英语自主学习中心的辅导教师还应更基础地、更多地引导学习者进行自主学习策略的提高。但是，辅导教师应该注意不能替学习者做自主学习目标、内容等决定，只能从旁引导，而对于水平较低的学习者也不能过多地放手，因为这样又会使学习者感到无助，因为自主学习中心的学习者应具备设定目标、识别资源、选择资源、使用资源、评估行为和重设目标的基本技巧（Benson，1992）。

二、自主学习中心的活动内容

高职英语自主学习中心的活动内容是可以多种多样的，学习者可以独立进行也可以合作学习。因此，合作学习与自主学习并不对立；与之相反，合作学习能极大地促进自主学习发展，为自主学习提供理想的促进性环境。其实，高职学习者更急切地需要合作学习来相互探讨，分享学习策略，相互督促学习，在和谐开放的团队合作中运用集体归属感和愉悦感降低他们自主学习的焦虑感，从自主学习环境、动机态度和策略上提高他们的自主学习能力。而作为基础的自主学习，对于合作学习也是有促进作用的。高职学习者自主学习后，可以相互交换自主学习资料与学习途径，更好地发挥学习者的主观能动性，相互探讨学习策略，这样可以加强学习者对于自身自主学习的反思，还可以通过相互评价使自主学习与合作学习的评估更加完善。但中心最起码要安排三种活动帮助学习者做好自主学习的准备（Gardner & Miller，1999），即让学习者认清自己的语言能力和存在的困难并进行个人需求分析，进而确定学习目标；签订学习合约，要求学习者对自己的学习负起责任和制订学习计划，促进学习者安排好自己的学习并进行有效的监督。

对于自主学习的测评，最基本的就是要全面、客观，所以，单纯依靠试卷和教师的主观测评是远远不够的。关于学习者自主学习效果的测试，包括教师测评、学习者自评、学习者相互评价和师生共同测评（华维芬，2001）。在这个问题上，可以沿用英国中央兰开夏大学语言学习中心的文件夹考核，其包含四项任务，即课题讨论、学习需求分析表、自我评估报告I和自我评估报告II。其中课堂讨论是第一次课的内容，要求学习者主要探讨学习动机和需求；学习需求分析表则通过表格形式让学习者分析自身在各项语言技能上的优缺点，选定学习重点；自我评估报告I主要包含学习者所选重点及其原因，是否达到了选定的目标，是否满意学习结果和学习目标，重点是否改变；自我评估报告II包含自主学习的最终收获，并按照评分标准为自己的表现打分。关于测评的主要内容，文件夹测评会根据学习者的自身特点选定十项作业，有语言中心的各种练习、语言活动、影评、对话录音等。并且，在进行自主学习之后，教师应尽快地对学习者的自主学习过程和成果进行评估测试，并给予反馈意见。只有主观与客观相结合，点与面相结合才能最终全面、完整、准确地对学习者的大学英语自主学习进行评估，才能为将来自主学习中心的进一步发展提供正确的参考。而自主学习中心的评估则可参考 Morrison（1999）提出的三个面，即评估原因、评估对象和评估人员。

高职类的英语自主学习中心在硬件和软件的配置上总体还不够成熟，本节结合前人对语言自主学习中心的研究和高职学习者的自身特点，主要探讨了高职英语自主学习中心的建立条件及其内容，希望能起到抛砖引玉的作用，最终成功建立起真正的高职英语自主学习中心。

第五章　高职英语课堂混合式教学概述

第一节　高职英语国际音标翻转课堂混合式教学

音标教学是高职英语教学的突破口，国际音标和字母组合的掌握有助于学生提高后续的听说读写能力。基于高职英语课时不足、学生迫切需要掌握语音拼读的现状，探索"互联网＋"的有利条件下，国际音标翻转课堂混合式教学实践，提高了高职学生的单词拼读能力，符合大专学生的学习需求，推动了高职英语语音教学的改革和发展。

音标是记录音素的符号，是学习英语过程中必须掌握的最基础的一环，也是英语听说交流的前提条件。（邓春燕，2008）高职学生英语水平较低，大多数高职学生并没有熟练掌握发音和拼读的对应关系。他们多数采用机械记忆方法记单词。单词记了容易忘，因而对英语学习产生畏难情绪。经常的挫败感导致他们失去对英语学习的兴趣和积极性。很多高职学生课堂上听不懂、说不出，课堂效率极低。如果不加强高职学生的语音学习，后续学习将难以进行。音标和字母组合的熟练拼读能力可以提高学生的发音准确性，能使学生见词能拼、听音能写，提高记忆单词的效率，扩大词汇量，有效增长学生学习的成就感，增强学生说英语的自信心。一旦掌握了国际音标和字母组合的拼读规律，就如同掌握了学习英语大门的钥匙，为学生自主学习、终身学习打下基础。因此，国际音标发音拼读规律的教学，是高职英语教师必须重视的首要教学任务。

一、基于翻转课堂的混合式学习模式特点

随着信息技术和英语教改的深度融合，"线上"微课，"线下"翻转课堂开始和学校的传统英语课堂进行了有益的补充和融合，逐渐形成了具有中国特色的"线上＋线下"混合学习方式（Blended Learning）。混合式学习模式是翻转课堂在中国本土化的一种新型学习模式。它将学习媒体、学习要素、学习内容等有效混合，通过线上学习、课堂学习、自主学习，形成良性循环，达到最优化的学习效果。音标的学习内容细碎庞杂，学习之后不通过操练巩固，很难应用。高职学生在有限的课时内难以做到每节课都有大量时间进行听读操练，良好的学习习惯也不可能完全通过课堂来养成。因此，课外的自学与巩固，必须通过信息化手段才能更好地实现。所以，我们采用"线下"＋"线上"混合式翻转教学模式，有望让

学生在最短的时间内，解决语音课程教学内容多课时少的问题，更好地实现教学目标。

二、基于微信的混合学习方式融合机制设计

总体来看，国内关于翻转课堂的研究文献，介绍多于研究，理论分析多于实践应用，且多集中在中小学课堂教学的探讨方面，高职院校的语音教学设计实践和研究仍需更多的实践探索。2019 学年开学初期，笔者根据执教 5 个班中近 90% 的学生没有系统学过国际音标和字母组合，并迫切希望短时间内突破语音难关的现状，设计了在学期初，开展 4 周 16 学时语音教学实践，探索了"线上""线下"相融合的混合式学习机制。该机制采用我们熟悉、易操作的微信平台开展"线上"的复习和操练。该设计的思想为：将烦琐的学习内容合理优化成 8 次学习任务。每次课为两节连堂课，每次一节课为教师带领学生学习优化过的教学内容，课堂上强调学习策略，即示范发音方法、分类记忆方法。这样，有教师带领的学习节省了学生自学时走弯路的时间，并且便于学生面对面模仿教师正确发音和记忆。另一节课检查和反思学生课下复习巩固课堂学习的内容。该节课为以学生为主的展示课。在这节翻转的展示课前，学生必须课下通过微信、手机上的 APP 等信息化手段巩固操练上堂课的学习内容。课堂上以丰富多彩的展示活动、PK 游戏为主，教师通过学生的展示发现、反思学生学习中的问题，并帮助学生纠正发音。该堂课进一步强化了学生举一反三的能力，并且在下一节的连堂课上螺旋上升学习新的教学内容。要使该模式顺利运行，第一次课的第一节设定为定向课，第一节主要介绍语音学习课（线上、线下）结合的学习方法，建立班级微信学习打卡交流群，并和学生共同建立学习小组积分制度，选举或推荐学习小组长。指导学生下载音标、各种英语学习小程序和 APP 等网络学习资源。

三、翻转课堂混合式学习模式下的英语语音教学改革实践

本次的教学内容编排、设计和教学方法均不同于传统课堂教学，目的是希望学生学得快、不易遗忘。因此对语音知识模块进行了归纳和整合。该教学内容的序化和整合，完成了三大学习任务：（1）掌握 48 个国际音标的分类和发音特点。（2）常用的 60 个元音、辅音字母组合发音规律。（3）/s/ 音后的清音浊化，多音节单词拼读，以及句子基本语调。为达到翻转课堂循环，课堂中的两节课，分两部分进行。第一节课，对上次课的学习内容操练检查。

在此，笔者以"第一课 20 个元音"这部分内容的教学为例，展示翻转课堂混合式学习模式应用流程。

教师引导下的课堂教学。第一次课的第二节课设计为教师引导下的课堂教学。该堂课的主要教学目标是：掌握 20 个元音音标的形和音。基于汉语拼音和国际音标的正迁移现象（邓婷，2018），讲述 5 对和汉语拼音 5 个主要韵母相似的长短元音的发音特点，并用形象的"五指手掌"导图帮助学生系统记忆 20 个元音音标。

通过教师对 20 个元音的科学归纳和记忆策略引导，学生很快达到了教学目标。下一步需要学生举一反三操练才能巩固。

教师引导下学生在微信上进行线上操练。对于中国学生来说，英语音标不同于汉语拼音，是比较容易忘记的，需要经常巩固，课后的合理教学设计是翻转课堂成功的关键。根据第一次课的教学内容，在班级微信群发布课后练习任务单。要求学生：微信中使用音标点读小程序点读元音熟练，并且使用音标相关网络微课加深课堂所学印象。我们选用的免费网络资源为：Jerry 的英语课堂；有趣的英语音标测试软件《音标随身学》，学生能够在这款软件上测评自己的音标口语是否标准。为方便学生层层管理，各个组长需要自建语音打卡群，由组长监督记录组员打卡记录。

学生为主体的翻转课堂展现。下一次课的第一节课学生为主体的翻转课堂。课堂展示集体活动有三个：（1）由教师带领大家用"大手掌"导图定位的记忆方法分组 PK，在最短时间内默写出 20 个元音。（2）优胜组，获得主持抢答点读音标的机会（20 个音标用 PPT 制作成快速闪卡），举手抢答，小组积分。（3）小组长上黑板前和全班同学同时随机听写，交换批改，此活动为个人积分。课堂结束前，教师总结易错音的读音，学生对照区别和掌握技巧，用韵律诗动画强化这些易错难点。

第二次课的第二节课开始 28 个辅音的课堂学习。8 次课按课堂精讲、线上巩固操练、下堂课第一次翻转检测总结的模式螺旋上升高效运作。最后一次课，为口试环节，口试的内容分为四部分：一是 48 个音标测试（题型：音素辨认、单音节拼读、多音节拼读、相似音辨读）；二是单词的认读，考察字母组合和开 / 闭音节的举一反三能力；三是句子朗读，考察学生语言的流畅性，正确运用升降语调；四是英文歌曲，篇章朗读（附加分）。考虑到高职英语班级设置均为大班教学，口试采用录音上传方式线上进行。录音上传，教师指定的是雷课堂或云课堂线上平台。

四、基于翻转课堂的混合式学习模式下英语语音教学改革成果

对于高职院校的学生来说，基于翻转课堂的混合式学习模式下英语语音教学改革成果意义重大。

增强学生的学习兴趣。俗话说，良好的开端是成功的一半。音标的学习是英语学习的起点。正确的语音会增强学生学习的兴趣和自信心。对英语的兴趣点燃无疑会使后期的英语听说读写的学习产生良性循环。

体会到高效的学习方法。混合式翻转学习模式是一种高效的学习方式，是传统课堂的延伸和巩固。学生从该模式的学习中能体会到这是一种高效的学习方法，可以复制到后期的高职英语其他课程的学习中。

增强学生的合作竞争意识。翻转课堂的形式，使学生间增强了合作竞争意识。同时，在展示学习成果的同时，锻炼了学生的公众表达能力、沟通协调能力，提高了综合素质，

为今后走入职场打下了良好基础。我的课堂我做主，以学生为主体的课堂会给英语学习增添乐趣。

建立英语学习资源库。自媒体英语学习资源库开始显现雏形。

不足及改进。本书仍有不足之处和可改进的地方：首先，教师需要更多的时间和学生在线上互动，这无疑加大了教师的工作强度，需要教师更有耐心和敬业精神。其次，可以使用前测和后测对比，采用量化分析进行教学实验，使该教学模式更有推广性和复制性。

互联网技术引领着高职英语的教学改革，"互联网+"使传统课堂教学有了更多的融合契机。用好网络英语教学资源，用活翻转课堂的教学技巧，对从事一线教学的教师和学生都是挑战。在未来的实践中，还需不断探索总结，让互联网技术更好地服务于英语教学。

第二节　高职英语"翻转课堂"混合式教学模式

随着课程改革的不断推进和深化，高职英语的教学模式也发生了极大的改变，翻转课堂教学理念开始进入人们的视野并逐渐成为高职教学的重要教学理念，受到广大师生的青睐。高职英语"翻转课堂"混合式教学模式对于高职英语学生学习兴趣的激发、学习能力的培养和语言实践能力的提升具有积极的促进作用。本节将分析高职英语"翻转课堂"混合式教学模式对高职教学的意义，并在此基础上设计高职英语"翻转课堂"混合式教学模式，希望能为高职英语教学活动提供参考和借鉴。

一、混合式教学

"混合式教学"。混合式教学（Blending Learning）起源于20世纪90年代的美国，在国内最早由北师大的何克抗教授在2003年正式提出。他指出：混合式教学模式就是把传统教学方式和网络化教学方式的优势结合起来，融合二者的长处，既能够发挥教师引导和监控教学过程的主导作用，又能够体现学生作为学习过程主体的积极性与创造性，从而达到最佳的教学效果。后来，一些教育专家如上海师大的黎加厚、华南师大的李克东等教授也对混合式教学模式做了深入研究，并提出了各自的看法。近年来，随着信息化教学的迅速普及，混合式教学模式得到了进一步的发展，一些新的教学方法如"慕课""微课""翻转课堂"等逐步引入课堂，改变了传统的以教师为中心的"一言堂"授课形式，使教学由单方面的知识传授转变为双方互动式的学习，教师的教学策略、教学方式和角色都发生了改变。在当前，混合式教学主要以网络教学平台为核心，以各种网络教学资源和信息沟通技术为辅助，将线上教学和线下教学相结合，灵活地开展教学活动。同时，这种教学模式可以让学生的自主学习能力得到极大的提升，使学生的认知方式发生改变，因此是学习理念的一次提升。

二、"翻转课堂"混合式教学模式运用于高职英语教学的意义

顺应了信息化发展的时代潮流。随着网络和多媒体技术的飞速发展和日益普及，人类社会进入以互联网为中心的信息时代，信息化成为当今时代发展的大趋势，其浪潮推进到社会发展的各个领域，也给高职教育的体制和教学模式带来了巨大的冲击，信息化对教育的革命性影响推动着教育不断创新发展。2012年3月，教育部颁布了《教育信息化十年发展规划（2011—2020年）》，第五章明确提出：加快职业教育信息化建设，支撑高素质技能型人才培养。为了提升教学质量和水平，必须抓住教育信息化的机遇，加快职业教育信息化建设，大力开发数字化教学资源，推进现代化教学手段和方法改革，促进优质教育教学资源共享，推动信息技术与高等教育深度融合，创新人才培养模式，拓展学生学习空间，促进学生自主学习。时代在进步，教育教学手段也应该与时俱进，因此把"翻转课堂"混合式教学模式运用于高职英语教学是顺应了信息化发展时代潮流的，不仅促进了信息技术与课堂教学的深度融合，还深化了信息化教学改革。

促进了教学理念的转变。"翻转课堂"混合式教学模式为教育教学改革提供了新的思路。在传统的教学中，教师是课堂绝对的中心，教师习惯于填鸭式地向学生灌输知识，学生学习很被动，缺乏积极性，培养的学生缺少创造力。这种传统的教学模式随着社会的发展和进步，越来越暴露出其严重弊端，不符合高职教育提倡的"以学生为中心"的教学要求和理念。信息化社会的发展促进了新型的网络化课堂教学，但网络化课堂教学也存在一些弊端，如在实施过程中教学监控难度较大，过分强调学生的"学"，忽视了教师的主导作用等。而传统的教学方法能够充分发挥教师引导、启发和监控教学过程的主导作用，恰恰可以解决上述问题。在此契机的推动下，"翻转课堂"开始逐步进入教学课堂，成为教育界关注的重点。"翻转课堂"教学模式，实现了理论与实践结合、学以致用的教学目标，把传统教学方法与现代网络课堂有机结合，改变了多年来的教学模式，引发了一场学习和教育的革命，引领着新一轮的高职课堂教学改革，为传统的高职英语教学带来了新的教学方法，促进了教学理念的转变。

提升了课堂教学效果。在传统的教学模式下，高职英语课堂教学存在着诸多弊端，如教学方法单调、课堂气氛沉闷、师生缺乏互动和交流、教学效果不理想等。虽然目前的高职教学改革取得了一定的效果，学生的主体地位也得到了一定的提高，但是本质上并没有真正改变以教师为中心的传统教学模式。互联网时代的到来，为高职英语开展信息化教学提供了良好的环境和便利条件。"翻转课堂"突出以学生为中心的个性化学习，实现了课堂资源最大化配置，将知识内化环节从课外移至课内，有效改善传统课堂中由于学生课后无法及时巩固内化新知识而影响学习效果这一弊端，从而真正做到深度学习，激发了学生自主学习的兴趣，达到了学习效果的最优化。通过微课等手段进行的"翻转课堂"教学，颠覆了传统的课堂授课形式，构建了以师生讨论答疑为主的互动式课堂教学，使课堂变成

师生之间、生生之间互动的场所，体现了"以学生为中心"的指导思想，真正实现了理论与实践结合、学以致用的教学目标，提升了课堂教学的效果。

激发了学生学习的兴趣。北京师范大学何克抗教授认为"翻转课堂"能体现混合式学习的优势，有助于构建新型师生关系、能促进教学资源的有效利用与研发等。高职英语"翻转课堂"混合式教学模式改革，是在移动互联网技术背景下对传统教育理念与人才培养模式的一次创新，对教师和学生都是一次不小的提升。首先，高职英语应用"翻转课堂"模式改变以往学生被动学习的局面，以学生自主质疑、自主学习、自主探究、自主合作等学习方式积极主动地学习。这种教学模式大大减少了教学时间，能预留出更多时间让教师帮助学生解决学习过程中遇到的困难，激发了学生的学习能动性，增强了学生的学习兴趣。其次，应用翻转课堂教学，可以引导学生自己主动"发现知识"，发现问题、思考问题，这样可以让学生在英语学习过程中了解、得到他们自己想要的知识，而不是被教师逼迫着学习知识，学生的学习效率和自主学习能力也会大大提高。信息化技术的广泛应用，使学生的课外学习形式日渐丰富，手机英语 APP 和校园移动网络英语教学平台等为学生创造了便捷的学习环境，实现了学生移动化自主学习，达到了提高学生学习效率的目的。在这种教学模式下，学生从"要我学"变成了"我要学"，激发了学生的学习兴趣和积极性，有利于促进学生的全面发展。

三、高职英语"翻转课堂"混合式教学模式的研究设计

（一）教学环节设计

1.课前预习：课前教师根据教材和学生的实际情况确定教学目标，然后按照授课内容精心制作微课小视频。一般选取单元中具有代表性的教学内容进行微课制作，视频录制的时间为 5～8 分钟。除了时间上要精心设计，视频内容也要突出教学重点，要考虑学生的实际水平和理解接受能力。微课小视频录制好后，教师通过微信等网络平台发给学生，要求学生进行课前预习，学生按照教师的要求观看微课小视频，自主学习微课内容，查阅相关资料，完成预习任务，直到解决问题。也可以以小组的形式分工合作有序完成教学任务，或者可以根据自身的英语水平反复观看、揣摩、思考和讨论微课小视频；还可以随时与教师通过网络软件进行交流，获得辅导。教师可以建立"互动讨论区"，允许学生之间相互讨论。

2.课中学习：在"翻转课堂"混合式教学模式实体课堂教学中，教师根据学生观看微课的反馈，总结并提出一些普遍性的问题，找出学生学习中的薄弱点，让学生组成学习团队，通过组织课堂小组讨论、展开辩论和演讲比赛等多种学习方式来完成教学。"翻转课堂"混合式教学模式主要以学生为中心，学生自主展示项目进展与成果，向老师反馈问题并寻求老师的指导。各组同学之间也可以互相展示、评价，进行自评、互评、师评等立体交叉式评价，共同分享项目成果，真正实现自主性、个性化学习，让学生由知识的被动接受者

转变为主动探究者，激发学生的学习积极性和能动性。在此过程中，教师主要通过组织课堂教学活动，引导学生主动学习，以达到检验学生学习成果的目的，其角色也由知识的灌输者转变为引导者。

3.课后拓展：混合式教学模式不仅强调课前预习和课中的合作学习，还强调课后的巩固拓展。教师利用微信等网络平台，根据学生的课前和课堂的表现，针对教学重点和难点等学生的薄弱环节精心设计课后作业并发给学生，让学生网上提交作业（可以是音频或者视频等形式），并随时与学生沟通，在线解答学生的提问，考查其学习效果。此外，还可以提供相关课程知识视频链接，让学有余力的学生进行更多的课外延伸学习，满足不同学生的不同需求。

（二）教学评估过程设计

根据混合式英语教学模式的特点，传统教学的评价方式已经不太合适进行教学评估，因此为了真正体现"以学生为中心"这一教学理念，应采用多元化的形成性评价方式。这种形成性评价可以从对学生课前预习中的各种状况如提问、讨论、测验等，学生在课堂教学中的表现，在小组互动中的参与度及协作程度，课后拓展练习的完成情况等几方面进行评估。形成性评价方式可以比较科学、全面、客观地反映教学环节中学生的学习状态和学习表现，又能充分调动学生学习的主动性和积极性，让所有学生在评价过程中共同进步、整体提升。

信息化时代的到来极大地促进了高职英语教学改革，既带来了机遇，也带来了挑战。高职英语教师应该积极面对挑战，充分利用数字化的教学资源，大胆变革传统的高职英语教学模式，努力探索以"学生为中心"的高职英语"翻转课堂"混合式教学模式，彻底改变教学理念，让高职英语教学焕发出新的活力。尽管"翻转课堂"混合式教学模式在当前还面临着许多不尽如人意的问题，如教师的教育观念转变费时、教师的信息化能力不足、学生的学习主动性有待提高等，但实践得出，"翻转课堂"混合式教学模式符合当前教育信息化改革的发展要求，符合学生个性化学习、教学方式多元化的发展需求，它是一种创新的教学理念，为我国当前的高职英语教育提供了切实可行的借鉴模式，有利于促进高职教育改革的发展，很有可能成为未来英语教学的主要模式。

第三节　基于雨课堂的高职英语混合式教学

雨课堂与实体课堂相结合的高职英语混合式教学模式整合了教学资源，拓展了教学内容，智能手机的课内外融入增强了教学吸引力，雨课堂的大数据分析技术实现学情诊断分析和资源智能推送，有助于教师调整教学策略，提升教学效率，但是只有营造稳定的混合式教学网络，开展多样化的教学实践，构建交互式的教学情境，才能实现高职英语智慧教学。

混合式教学（B-learning）是近年来为推进教育信息化而出现的一种新型教育模式，其旨在促进教育研究和实践向深层次方向发展，其核心就是要把传统课堂学习方式（c-learning）和数字化或网络化学习（e-Learning）的优势结合起来，既要发挥教师引导、启发、监控教学过程的主导作用，又要充分体现学生作为学习过程主体的主动性、积极性与创造性。混合式教学融合了"以学为主"和"以教为主"两种教学模式，让在线教育和实体课堂有机结合，互为补充、互相促进，并且使得英语学习不再是填鸭式的被动应付，而是一个多维的智力和情感发展的体验和实践过程。

雨课堂是清华大学推出的将信息技术和实体课堂相融合的一种智慧教学工具，它将大数据、云计算等融入日常教学中，对教师了解课堂的进程，知道学生对知识点的掌握情况提供了数据化、智能化的信息支持。教师通过雨课堂这种智慧教具，可以将线上资源和实体课堂有效结合，课前可以用其推送课件、学习任务，课上课后运用其各种功能，让师生、生生之间实时互动。同时，雨课堂对学生在整个教学过程中的学习动态进行数据分析并反馈给教师，教师可以依据数据进行有效的教学活动。另外，雨课堂让集体学习、自主学习、社交交互学习等多种学习模式的实现成为可能，为学生提供比传统课堂教学形式参与度更高的学习体验，建构了有效的外语学习环境，为教师开展混合式教学研究提供了参考和借鉴。

一、雨课堂支持下的高职英语混合式教学设计

（一）整合教学资源，丰富教学内容

高职英语教学是很多专业的必修基础课程，但是一些非英语专业的学生认为英语与其未来的就业无关，往往忽视英语学习，对教师所讲授的内容不感兴趣，课堂上没有互动，教学目标难以实现。因此，在高职英语教学内容设计方面，教师要精选与学生专业相关的各种视频、音频等信息资源，让学生意识到英语与所学专业的密切联系和相互性，培养高职学生学习英语的兴趣。例如在讲授主题为问路的教学内容时，教师不仅可以将与问路指路相关的慕课、配音等信息资源推送给学生，还可以将各种交通指示标识或者地图知识通过雨课堂推送给学生，这种方式不仅突破了传统教学资源的局限性，而且让教学内容生活化、实用化，契合高职学生的学习接受习惯，激活学生主动参与英语教学，雨课堂的推送让高职英语教学轻松愉快，让高职英语学习做到随时、随地、随需。

高职英语教学目标不是让学生全部掌握课本上的语言知识，而是帮助学生熟练运用并掌握语言的各项技能。因此在教学内容上，教师除了讲授教学的重点和难点，还应拓展教学内容，课前增加教学示范项目，让学生可以模仿训练；课上增加课堂训练项目，对所学知识加以巩固；课后增加拓展训练项目，帮助学生提高训练，将所学知识内化吸收。雨课堂让这些课前准备、课上内化以及课后延伸拓展得以真正实现。在雨课堂的构建过程中，教师除了推送与教学内容相关的信息资源让学生学习、观摩外，还可以根据需要在课前依

据教学内容的特点，提炼知识点和技能点，制订与课程内容相符的教学课件库，整合相关的微课或 MOOC 资源，完成在线测试题、随堂测试题库的建设以及针对听说读写技能训练所采取的多样化教学设计或活动库的构建，帮助学生对教学内容重难点的深化理解与掌握，实现自主学习、集体学习、社交交互学习等多种学习模式。

（二）"微信 +PPT" 玩转课堂内外

在教学过程中，教师可以通过雨课堂来管理班级里的每一位学生，教师只需要安装好雨课堂插件，然后在微信里关注雨课堂，点击"我的课程"，然后点击"我要开课"就可创建班级和课程，创建成功的班级会有专属的二维码和邀请码，学生只要拿出手机微信扫码或输入邀请码就可以进入班级，进入教学活动。整个教学活动过程设计包括 Pre-class、In-class 和 Post-class 三个教学环节。下面以"十二五"职业教育国家规划教材《新编实用英语综合教程》"Food Culture"中的会话部分为例，具体阐述基于雨课堂的混合式英语教学的实施过程。

在 Pre-class 环节，教师在雨课堂的支持下将关于如何用英语预订座位、如何点餐等重点句型和词汇制成微课课件，同时插入一段关于点餐的网络视频，最后添加客观题作为考量学生预习情况的依据。教师将完成的课件推送到手机，并在手机微信端点开对每页插入语音讲解，最后发布到所创建的班级。学生在收到课件后，可以不受时空地域限制进行灵活的学习，并完成客观题进行自测，微信会即时地给出分数。如果学生有疑问可以点击"报告老师"提出问题。教师通过点击"查看课件"可以掌握已预习学生人数、预测题答题情况，有针对性地进行师生互动和课前准备，实现异步教学。

在 In-class 环节，教师无须进行传统方式的点名，学生通过扫码或输入邀请码进入课堂，教师可以通过邮件了解学生的出勤情况，这种考勤方式提高了考勤的效率，更能让学生接受。关于课前预习情况，教师通过雨课堂将数据反馈给学生，让其知道自己的薄弱点。课上教师在讲解点餐的句型和各种菜名的同时，也可以根据课堂需要，创建课堂任务，并且让学生在规定的时间内完成，检测学生掌握点餐词句的情况；接下来就是引导学生用所学的短语、句型进行会话实践，教师可以先通过教学示范让学生模仿，再结合之前预习内容进行语言输出，教师可以模拟餐厅的用餐情境，由教师来引导学生进行简单的用餐对话，针对口语水平比较高的学生，教师可以插入一段点餐的视频让他们即兴地配音。这种练习可以分组进行，学生有不明白的内容或遇到难以表达的地方可以即时地点击"不懂"按钮，教师能即时有效地补充讲解并答疑。学生在积极性不高注意力下降时，教师可以开启弹幕功能，增加课堂的趣味性和互动性，实现课堂的多元互动。

在 Post-class 环节，教师根据随堂测评、"不懂""弹幕"反馈出的实时情况布置不同难度系数的作业，如让学生跟读模仿或按照视频进行脚本的编写并配音；还可以使用投票功能了解学生对教学环节、教学方法和教学效果的满意程度，从而进行总结改进并优化教学设计，提高教学效率。学生端除了完成教师布置的作业任务外，还可以有选择地自主查看"不懂"的内容，实现差异化和个性化学习。

（三）数据分析助力教学评价

在教学评价设计方面，教师对学生学习的总体评价既要包括学生课前的在线预习情况，还要包括学生课堂上的学习情况，又要包括课后的作业完成情况，忽略任何一方面，都无法做出客观、真实的教学评价。雨课堂采用的数据分析和云计算技术，对教师和学生的同步教学和异步教学全过程都进行了实时记录和统计反馈，对学生的"学"和教师的"教"都有着巨大的意义。课前的预习数据是教师对学生进行诊断性评价的考量依据，教师可以据此了解所创班级学生的整体水平和学习态度，有的放矢地对课堂环节的设计进行调整，设置符合学生真实水平的教学任务和教学设计；课上的即时学习数据分析反映出学生对知识点的掌握程度，教师可以据此调整课堂节奏和讲授深度和广度，它是教师对学生做出过程性评价的重要依据；课后的作业数据分析可以让教师了解整节课的教学效果，也可以对学生进行因材施教，实现个性化学习，同时也是教师对学生进行终结性评价的重要依据。以往的课堂教学都是教师通过作业考试观察并根据教学经验和直观判断来实施的，教师的负担重且所耗时间长，雨课堂产生的大数据让学生的学习情况直观化、可视化，教师可以依据客观、实时的学习数据进行课堂教学，调整教学模式和教学方法，让英语教学智慧化和高效化。

二、课堂的应用建议

营造稳定的混合式教学网络。在用雨课堂混合式教学过程中，如果 PPT 播放存在卡顿现象，就会影响教学活动的正常开展，单靠手机流量来进行混合式英语教学更不实际。网络环境的不稳定会造成学生不能够即时收到教师推送的信息资源，课前预习环节、课上讲授环节和课后复习环节也不能顺利完成。因此，在教育信息化的建设方面，高职学校要加大投入，营造良好稳定的网络学习环境，让校园的无线网络高速畅通，才能推动信息技术"课堂用、经常用、普遍用"，保证混合式教学的正常实施，让学生不受地域时空地灵活学习，建构一个有效的外语学习环境。

开展多样化的教学设计。高职学生生源广泛，英语基础不一，自主学习能力弱。教师如没有精心做好符合高职学生学习特点的教学设计，就会让学生对混合式教学失去兴趣，手机只会成为课堂上光明正大的娱乐工具，更别提课前的预习环节了。因此在教学资源的整合设计方面要选择轻松有趣、贴近生活、适合高职学生学习偏好的相关资源，唤醒他们学习英语的兴趣，如美文美句、经典电影片段等，提高学生的语言文化鉴赏能力；课堂活动设计要生动、多样，知识的讲解要结合案例、小组讨论、话剧表演、电影配音等多种形式，不能拘泥于一种教学模式，因班施教，勇于尝试并不断调整教学方法和教学实践，让学生在混合式英语教学中有更大的学习空间锻炼英语语言技能；试题库的设计要将课堂和课外紧密连接，让教学活动真正做到行之高效。雨课堂的实施并不是微信教学代替传统教学，而是利用雨课堂和微信作为信息化教学的辅助工具实施教学活动，教师开展混合式教学时，不能只关注信息技术，忽略教学内容，要提高教师对课堂的驾驭能力，做到对教学过程有效监督。

构建交互式的教学情境。学生是教学过程的核心，所有的各项课堂活动和教学设计都是围绕着学生的"学"而发生的，因此在雨课堂的实施过程中，要突出学生的创造性和教师的指导性，两者缺一不可，这也和混合式学习理论相一致。雨课堂实质上就是英语学习中的网络学习共同体，是以信息技术为媒介，将各类教学资源在师生之间相互传达和交流。单靠教师的"教"和教学资源的输入，没有学生的互动和反馈就和传统教学无异。另外，雨课堂的一大特性就是定制，让学生实现个性化学习，这是教师基于学生的答题、自测、考试等产生的数据分析基础上开展教学活动得以实现的，数据的产生离不开师生之间和生生之间以及人机之间的互动；教师答疑的时效和对学生的实时评价也直接影响着学生学习英语的兴趣和热情；课堂内外学生之间的积极互动和交流也能让教学流程和教学设计更加完善。因此，教师要大胆尝试雨课堂的各种功能，鼓励学生积极参与教学体验和教学实践，提高网络交互性，构建探究协作自主式的教学情境。

雨课堂让混合式英语教学成为可能，让教师的指导和管理渗透到雨课堂的每一个教学环节，更让师生之间、生生之间得到自由的联通和交互，教学资源得到了扩充，教学过程灵活多变，教学内容丰富，教学过程实时记录，教学评价以及数据驱动更为科学合理。当然，雨课堂在应用到不同的语言技能教学中会遇到新问题、新情况，教师要继续实践研究，积累实践教学经验，不断改进和完善教学方案，提高教学质量。

第四节　基于课堂生态视角下的高职商务英语混合式教学

在"互联网+"的社会背景下，信息化技术为商务英语教学提供了新的理念、新的平台、新的方式。在信息化时代的大环境下，教育者与学生应如何应对这些变化、教学方式应该如何改革，是当今教育界关注的重点问题。在英语的课堂生态系统中，每一个体都应该参与其中，这样本生态系统方可正常进行循环活动。混合式教学模式为此生态系统的平衡做出了很大的贡献，打破了传统的学习方式，调动了学生自主学习的积极性，调动了生态系统里的每一个成分。

一、高校生态课堂的特点

生态学中的联系、共生、开放等理念被高校课堂教育所采用，强调课堂主体（师生）的可持续发展，以动态的、发展的角度来看待课堂，对传统的课堂教学进行延伸和拓展，学生的学习不再锁定于特定的时间和空间。高校生态课堂的特征如下。

整体的关联性。从生态学的视角来分析课堂，必须把课堂看作是一个完整的生态系统，系统中的各个因素构成一个有机整体。老师和学生应该是该系统的主体因素，但同时其他因素如教材课件、教学软件、教室环境、课堂气氛等也是不可或缺的。无论是主体与主体之间，还是主体与其他影响因素之间，都在不同程度上有所关联。教室环境会影响学生的听课心情和老师的授课情绪；老师讲授的趣味性、知识性，甚至个人风格和魅力都会影响学生的听课质量；同时学生的听课状态、课堂参与度、听课积极性，也会反过来作用于老师，刺激老师授课的积极性。

和谐共生性。教师和学生作为生态课堂的主体，是一种共生关系。具体体现为：一方的存在以另一方的存在状态为前提条件；一方的状态变化会直接或间接影响另一方的存在状态。生态课堂的师生关系属于一种互利共生的关系。课堂不是老师一个人在表演，学生只需观赏，而是一个师生共进的大舞台。教师的价值体现在学生对所学知识的吸收、应用及个人能力的提升上；学生的学业进步离不开老师的指引、鼓励和教导。如果这种双向的交流和协作，能产生共鸣，碰撞出火花，则和谐共生的状态就能在课堂生态系统中体现出来。

开放性。生态课堂应该是开放的，而不是封闭的。生态课堂尤其强调其开放性，它将课堂视为微观生态系统，外部各个生态系统每时每刻都在相互影响。当生态课堂的主体收到外部信息，经过过滤和净化，将有利于自身发展的信息和能量进行转换，形成自我的改变与进化。因此只有生态系统的开放性，才能够保证生物若离开这一系统，也能很好地适应不同的生态系统。

二、目前商务英语教学中存在的问题

学生英语基础薄弱，自主学习能力较差。目前高职商务英语专业的学生，很多英语基础不扎实，对英语学习的兴趣不浓厚，学习的主动性、积极性和吃苦精神都不够。这就导致他们在课堂上的参与度、配合度不强，学习不能坚持。这些原因都严重影响了老师的教学效果和学生的学习效果，使得学生的学习停留在浅显的学习层面。

老师仍以讲授为主，学生只好被动学习。由于商务英语的文科属性，很多高职院校商务英语的老师仍然以理论授课为主，即使是实训课，也只是在学校的机房，指导学生操作商务英语的实训软件。这种传统的讲授课堂，学生被动参与教学实践活动，师生之间的互动有限，没有充分发挥学生的自主学习潜能。

学生个性化差异大，传统教学难以因材施教。随着高考生源的逐渐减少，高职院校学生的生源开始呈现多元化趋势。普通高中毕业生在减少，在各校自主招生的背景下，来自职高、中专及退伍军人的学生越来越多。这种多元化的学生特征，在同一个班级呈现出学生的英语基础、学习方法、学习习惯、接受能力都有很大差异。在传统课堂上，有些学生需要英语基础知识的夯实，有些学生需要商务能力的提升，有些学生需要跨文化知识的补充。在有限的课堂时间范围内，老师很难做到面面俱到、因地制宜。

三、混合式教学模式，以 MOOC、SPOC 为例

混合式教学模式是随着信息技术应运而生的，它将以往的课堂教学和网络教学有机结合，强调通过充分利用信息时代网络学习的大环境，调动学生在学习过程中的积极性、主动性和创造性；发挥老师在教学过程中的引导、启发和监控的主导作用。

MOOC(Massive Open Online Courses) 为代表的在线开放课程，将网络学习和课堂学习相结合，让师生的教与学，外在学习因素如教学资源、学习环境、学习氛围等因素，实现多方面的有效结合。学生在 MOOC 形式的课程学习的初始阶段可能会产生兴趣，但由于缺乏老师的规范指导、严格监督和定期考核，学生容易倦怠和散漫，学习效果并不理想。

SPOC(Small Private Online Course) 意为小规模限制在线课程，最早由加州大学伯克利分校的 Armando Fox 教授提出并使用。MOOC 是指大规模的在线教育，跟 SPOC 针对较小的学生规模不太一样。SPOC 混合式教学模式，线上线下相辅相成，既发挥 MOOC 学习的快捷，又能结合 SPOC 的特征，加强师生互动。不仅实现了人机互动，也实现了人人互动。

四、基于 SPOC 的高职商务英语混合式教学模式的构建

商务英语的人才培养目标是既要具备商务专业知识，又要具备英语交际能力的全能型人才。传统的面授课程，不能充分发挥学生自主学习的积极性，制约了教学的有效性，学生的学习过程往往停留在浅层学习层面。

上传 SPOC 平台的教学资源。与传统教学前的准备工作相比，教师需要在课前精心设计并开发教学资源，工作量非常大，平台内容包含视频、音频及文字学习课件，相关练习操作及检测考试。特别强调学习课件不是传统的课堂纸质教材，而是能引发学生学习兴趣的精心设计和编排。教师在上课之前把所收集的学习资料上传到教学平台，支持视频、WORD 文档、PPT、音频或者网站链接等常见的多种形式。老师也可以自己制作微课、Flash、Photosky 等课件导入知识点，并同时设置相关的游戏及测验来检查学生的自主学习效果。

学生课前在线自主学习。学生在收到教师的学习任务通知之后，就某一章节的知识点进行线上自主学习。教师可以通过学生的在线学习时间及测验的结果，判断学生的知识掌握程度。教师也可以设置在线答疑板块、师生讨论板块、资源分享板块，丰富教师与学生之间的互动。

线下课堂教师授课。学生完成线上自主学习任务之后，教师通过学生观看视频的时长以及完成作业的质量，为线下的面授课堂提供依据。面对面的课堂传授与线上师生互动，相辅相成。线上的网络自主学习，学生难免会有孤独感；面授课堂更能体现出商务英语跨文化交流的特点。在面授课堂上，教师的面授课程局限在固定的时间，不能满足所有学生

的需求；而线上的自主学习，学生可以根据教师上传的学习资料，制订私人订制般的学习计划。

教师的面授课堂是不可替代的，可以将英语知识和商务知识具体运用，融会贯通，帮助学生把语言融入商务洽谈和商务活动中，增强学生商务知识的运用能力和解决商务问题的能力。教师可以通过设定特定的商务场景，要求学生完成某些既定任务。教师起着引导作用，学生才是课堂的主体，他们积极参与各项任务，完成商务英语知识体系的构建。

学生"线上线下私人订制"学习模式。本阶段的学习任务是巩固前期的自主学习成果和实现"私人订制"学习模式。学生经过前期的线上自主学习和后期老师的线上面授课堂学习，基本了解和掌握教材某个章节的重难点及知识结构，但仍难以达到触类旁通的应用效果。教师根据线上自主学习的各项数据以及线下课堂上的表现，在教学平台上为学生设置相关的学习任务，以便巩固所学知识。教师还可以在线下组织一些相应的课外活动补充学习，比如英语商务演讲、商务知识竞答、商务角色扮演、书写报告与成果展示等等。学生发挥团队协作精神，在商务环境背景下，运用英语技能去解决各种商务问题，通过"做中学"，更加积极主动地构建商务知识体系。教师在课外补充活动中，主要承担引导、协助和评价者的角色。

五、完善多元化的学习效果评价

评价内容多元化。传统的学生学习效果大多数情况下，是通过期末考试来进行衡量的，但学生在学习过程中，很难获得及时有效的实时反馈。而多元化教学评价由形成性评价与终结性评价构成，定量评价和定性评价结合，其表现特征为评价主体的多元性、评价内容的多面性、评价过程的交互性等。评价内容不仅仅局限于知识结构和技能技巧的掌握，更应该包括学习习惯、学习态度、学习方法、实操能力、团队协作等。

评价形式多元化。基于 SPOC 的线上线下混合式教学，学生的线上学习时长、过程以及在线测试都有真实数据作为依据。在信息化时代背景下，利用信息化技术，教师能高效地掌握学生的学习情况。SPOC 平台有些独特的功能，比如二维码签到、随机分组、讨论发帖、投票等都能为混合式教学的多元学习效果评价提供相应的技术支持，最大限度地促进外语教学，其具体评价标准概括如下：

线下课堂学习具体表现：学习者能否在课堂上认真听课、做好笔记、积极发言、主动参与教师组织的课堂教学活动。

线下课堂师生互动学习具体表现：学习者能否在老师面授课堂上积极参与，配合教师组织的教学活动，发挥自己的主动学习能力，并对班级学习起到良好的带头作用。

线上自主学习具体包括：学习者能否利用 SPOC 线上学习平台，及时完成教师推送的学习任务，能否提出自己的独特见解，能否积极配合老师的各项安排，能否与其他同学互动。

小组完成任务考核标准为：各学习小组能否按教学要求完成相应设定任务，在完成任务过程中，是否做到了相互协调与帮助。

学生上交作业形式包括：学习者以文字、音频、视频等形式呈现；主要考核标准为：是否符合语言通顺、观点鲜明、逻辑清晰的要求。

定量评价主要依据一系列考试测评，主要包括阶段测验、知识竞答、商务实训、商务英语考级成绩、商务英语技能比赛等，综合考评学生的学习成果。定性评价则侧重于混合式学习过程的评价，线上主要考核学生的学习能力和学习习惯，评价依据包括学生学习的时间长短、时效及完成任务反馈结果。而线下的评价内容则主要为学生的考勤及课堂表现。为了体现学生的学习主体地位，学生和教师共同参与评价。

教学的生态化建设是一个长时间的、系统化的工程，不仅需要一线的授课老师不断地去实践、操作、优化；也需要学生解放思想，提高自主学习的意识；更需要教育行政部门协调教学资源。只有各方面同心协力、共同努力，才能建设和谐、健康、动态的教学生态，促进学习者个体知识的积累和能力的提升。

第五节　基于云班课移动平台的高职英语混合式课堂教学

基于云班课移动平台的高职英语混合式课堂教学具有开放性和互动性的特点，具体应用过程中需要从课前准备、课堂教学、课后总结复习三个阶段采取相应措施。调查和访谈表明，该模式在高职英语教学中获得较高满意度，有利于激发学生的学习兴趣，培养学生的团队合作精神，提高学习成绩。为改进教学中的不足，进一步提高学生满意度，课前有必要根据学生需求推介学习资料并加强监督，灵活设计形式多样的课堂活动，增进与学生的交流并改进考核评价方式。

结合高职英语课堂教学的实际需要，发挥云班课移动平台的便捷性和互动性优势，构建混合式课堂教学模式愈加受到任课老师的重视。但目前该教学模式的应用效果如何？学生满意度如何？还有哪些需要改进的地方？这些问题都值得进行深入探讨和研究。

一、基于云班课移动平台的课堂教学概述

云班课移动平台是随着互联网和智能手机的普及而出现的，它不仅拥有丰富的学习资料，同时也能满足学生个性化学习需要，可以让学生不受时空束缚学习高职英语知识，其应用也愈加受到重视。

高职英语教学过程中，任课老师使用手机 APP 创建云班课移动平台，邀请所有学生加入。同时在智能手机的支持下，构建一个可以实时反馈的教学互动平台。在云班课移动平台，任课老师不仅能为学生提供丰富的学习资料，还有利于增进师生交流互动，及时解答学生学习中遇到的疑问，有效辅助学生课前预习、课堂学习以及课后巩固复习。任课老

师通过该平台还可以为学生发送课程通知，推送课件、图片、视频、音频等资源，便于学生获取丰富的学习资料。同时还可以提醒并督促学生开展自主学习，进行课前预习，让学生按时完成课堂学习任务和课后巩固复习任务，并跟踪学生的学习进度，对学生进行及时评价。在课堂教学阶段或课后巩固复习阶段，任课老师还可以随时组织学生开展交流互动，进行答疑，组织讨论，开展投票和问卷调查等活动，让整个教学过程变得更加生动有趣。

二、基于云班课移动平台的高职英语混合式课堂教学过程

课前准备阶段。任课老师根据高职英语每个单元的教学目标和要求，结合学生兴趣爱好及个性化需求，对教学资源进行加工和提炼，然后将其上传至云班课移动平台。学习资料的呈现不仅有文字、图片形式，还有音频、视频、流程图等形式。学生在智能手机的支持下，可以不受时空束缚开展自主学习，进行课前预习，完成课前测试。同时，每位学生还要记录学习中遇到的疑问，并反馈给任课老师，为有效参与课堂教学活动创造条件。

课堂教学策略。云班课移动平台便利课堂考勤，操作简单，节约时间。任课老师在软件上创建签到手势，设置好时间，学生在规定时间内输入正确手势，就可以便利地完成签到。为检查学生课前预习效果，任课教师可使用"摇一摇"功能并公布"中奖"学生名单，让他们介绍课前预习内容和遇到的疑难点，并适当提问让学生回答，检查课前自主学习效果。同时在教学中灵活采用项目化教学、小组合作学习等形式，为学生设置抢答题目，布置每个小组的学习任务；并使用平台的"举手"功能，根据举手的学生名单，组织学生开展交流讨论，顺利完成教学任务。

课后总结复习。为加强学生对重要知识点的记忆，任课老师可使用云班课移动平台的"头脑风暴"功能，对学生开展提问，并设置答疑区，检查学生的学习效果，对于学生尚未掌握的知识点，任课老师有必要进一步解释和答疑。此外，任课老师将作业发布在云班课移动平台，学生按要求完成并提交作业，撰写总结报告。

三、基于云班课移动平台的高职英语混合式课堂教学满意度

课后与 27 名学生进行交流和访谈，以了解他们对该教学模式的满意度。总体来说，学生对该教学模式反馈向好，满意度高，但也存在不足，这是今后需要改进的地方。

学生对混合式课堂教学的整体满意度。调查显示，学生对基于云班课移动平台的高职英语混合式课堂教学整体满意度较高。调查发现，学生普遍认为该教学模式对他们的英语学习促进作用大，16 名学生（占 59.26%）认为"促进作用大"，6 名学生（占 22.22%）认为"促进作用很大"，认为"促进作用大"和"促进作用很大"的学生占 81.48%。从学生反馈来看，他们普遍认为在云班课移动平台支持下，有利于加强英语听说能力、写作能力和阅读能力训练，并且他们这方面的技能都得到了提高，尤其是听说能力提高明显。55.56% 的学生（15 名）认为他们在这方面受益，所占比例超过一半。此外，85.19% 的学

生（23名）表示会继续使用云班课移动平台辅助学习，这说明该平台的应用对他们英语学习的习惯产生了一定的影响。

学生对混合式课堂各教学环节的满意度。第一，对课前准备活动的满意度。调查发现，云班课移动平台的应用，调动了学生课前预习热情，以前约有30%的学生（8名）课前从不预习，而云班课移动平台应用之后，仅有14.8%的学生（4名）不注重课前预习。并且学生在课前预习过程中，81.48%的学生（22名）都普遍注重查阅相关知识，拓展知识面，为参与课堂教学活动奠定基础。应用云班课移动平台之前，仅有25.92%的学生（7名）经常预习，开展自主学习。而该平台应用之后，有66.67%的学生（18名）主动预习和自主学习。这说明该平台能调动学生的学习主动性，激发他们课前预习，开展自主学习的热情。

第二，对课堂教学的满意度。在云班课移动平台支持下，学生通过课前自主学习和预习，为参与课堂教学活动，顺利完成学习任务奠定基础。整个课堂教学氛围更加热烈，学生表现更为积极，课堂教学也充满活力。调查显示，88.89%的学生（24名）认为基于云班课移动平台的混合式课堂教学"非常好""很好"，对任课老师的授课方法、教学活动组织、与学生交流沟通等也表示"很满意""满意""没意见"，调查中尚未发现学生对任课老师课堂教学"不满意"。

第三，对课后总结复习的满意度。云班课移动平台满足学生课后总结复习需要，同时也为学生课后相互交流和沟通创造便利，有利于相互之间及时解答疑惑、开展交流讨论，巩固所学知识。调查显示，"非常喜欢"这一环节的学生为29.63%（8名），持"一般喜欢"的学生为51.85%（14名），其余学生的态度是"一般"，没有学生持"不喜欢"态度。由此可见，学生对课后总结复习的满意度尚可。

实验前后学生学习成绩的对比分析。为了解基于云班课移动平台的混合式课堂教学效果，掌握学生的学习成绩，使用对比的方式进行研究和分析。实验班采用基于云班课移动平台的混合式课堂教学，常规班采用传统课堂教学模式，整个教学过程强调任课老师对单词、词组和语法知识的讲解。实验前两个班级学生的成绩基本一致，经过一年的教学实验，组织两个班级学生参加大学英语应用能力考试。结果表明，实验班优秀率和合格率均明显高于常规班，实验班不合格率低于常规班。也就是说，采用基于云班课移动平台的混合式课堂教学的学生，他们的学习效果优于常规班学生，这与调查访谈所反映的结果是一致的。

四、基于云班课移动平台的高职英语混合式课堂教学改进建议

课前根据学生需求推介学习资料并加强监督。根据访谈过程中学生对课前学习的反馈，为提高任课老师课前资料推送的针对性，让学生课前充分利用云班课移动平台开展自主学习，有必要增进与学生联系，掌握他们的个性化需求，清楚了解学生对学习资料的要求。然后由任课老师对学习资料进行整合与提炼，为学生有针对性地推送学习资料，满足他们课前自主学习需要，激发学生利用云班课移动平台开展自主学习的热情。任课老师可

以要求学生课前自主学习之后，将遇到的疑难点通过平台反馈给老师，并自主完成课前测试和练习。进而确保学生课前自主学习落实到位，对教学内容有初步了解，为更好融入高职英语课堂教学活动奠定基础。

灵活设计形式多样的课堂活动。问卷调查和访谈显示，学生利用云班课移动平台辅助学习，应用最为广泛的是该平台的单词功能模块、听力功能模块和口语类 APP。学生通常使用云班课移动平台查找单词，理解单词含义，深化对单词的记忆。同时还利用该平台加强听力练习，辅助口语训练活动。这对有效辅助学生自主学习，增加学生词汇积累，提高听力水平和口语表达技能具有重要作用。此外，部分学生对云班课移动平台的了解不够深入，参与积极性不强。针对这些不足，为提升云班课移动平台应用效果和学生满意度，要鼓励学生积极参与课堂教学活动，让学生掌握英语文化背景知识，了解他们的性格特征，并有针对性地组织课堂教学活动，扩大学生参与程度。作为任课老师，有必要设计灵活的、形式多样的教学活动。最终增强学好英语知识的自信心，提高对云班课移动平台的满意度。

增进与学生交流并改进考核评价方式。密切与学生的交流，增进对学生的详细了解，这是提升云班课移动平台应用效果，增强学生满意度，提高学生学习兴趣的前提。为此，任课老师有必要加强与学生的交流和沟通，掌握他们在学习中遇到的困难，了解他们的个性化需求，然后为他们提供丰富的学习资料。对沉默、害羞的学生，也要耐心疏导，缓解他们的心理压力，调动他们利用云班课移动平台学习的主动性。同时还要认真组织学生加强训练，努力破解学习中遇到的疑难问题，让学生更好融入课堂教学之中，取得事半功倍的效果。此外还要改进考核评价方式，注重对学生学习过程的考核，客观、公正、详细记录学生平时学习情况。对于学生课前自主学习、课堂发言、小组任务完成情况、团队合作精神、创新能力等，应该认真做好记录，确保平时成绩的客观与公正，从而有利于更好规范和引导高职英语课堂教学，提升云班课移动平台应用效果，增强学生满意度，促进高职英语课堂教学质量提升。

基于云班课移动平台的高职英语混合式课堂教学，满足了学生课前自主学习需要，还有利于发挥学生在课堂活动中的主体作用，也为学生参与小组互动与讨论创造了条件，有利于激发学生兴趣，培养学生的团队合作精神，促进学生满意度的提升。作为任课老师，应该重视该教学模式应用，课前为学生发放学习资料，优化教学流程设计，合理组织课堂活动，及时解答学生遇到的疑问，增强学生满意度，促进高职英语课堂教学效果提升。

第六节　基于云课堂的混合式学习在高职外贸英语函电课程教学中的应用

随着现代科学技术的不断发展，信息化环境的不断深入，混合式教学将成为未来高校教学的主要发展方式。尤其是对于高职外贸英语函电课程教学而言，利用云课堂的平台进行混合式教学，能够帮助学生更好、更快地掌握课程内容，达到现代各企事业单位对外经贸专业人才的基本需求。

现代计算机技术带动了各个领域的快速发展。在教育领域，计算机信息技术的应用，使得现代教育模式及教学水平均有大幅度的提升。将信息技术带入高职院校的教育教学环境当中，是现代高职院校教育教学的重点与难点。

教育信息化环境是高校积极探索改革教学方法并创新教学手段的一种方式，对于国内外的教学环境而言，混合式教学模式是未来教育教学发展的重要趋势；对于高职院校而言，混合式教学模式已经逐步在实际教学过程中得到运用。所谓的混合式教学模式指的是将传统学习方式的优势以及网络在线学习的优势进行结合。混合式教学模式，不仅能够最大限度地发挥教师引导、启发、监控教学的作用，还能够体现学生主动学习的过程，激发学生的学习积极性以及创造性。

基于云课堂的学习是混合式教学的一种典型教学模式，而基于云课堂的学习安排包括课前、课堂和课后三个阶段。课前，课程教师将课程的大纲，具体的教学日历及多媒体教学课件等教学资源上传到云课堂教学空间当中，以便于学生查阅。并且，教师可利用云课堂平台，设立课程的交流论坛，供学生在论坛上与教师进行交流，学生还可以利用论坛根据自身的预习情况，提出自己的问题。在课堂中，教师就论坛上学生提出的问题进行统一解答，根据学生提出的问题，规划具体的课堂内容。在课堂中，还可以通过云课堂平台对学生的课堂练习进行综合下发，并安排学生进行讨论。课后，教师将课堂学习中涉及的教学视频及教学资源进行整合，上传到云课堂平台，供学生学习；与此同时教师将课堂作业也发送到学生的账号上，日常的一些教学通知，也可以通过这种方式进行发布。

为了更好地适应教育部对高职院校改革的相关要求，在高职院校中引入云课堂的混合式教学，能够帮助高职院校更好地完成改革，尤其对于商务英语专业的外贸函电课程教学有较大的促进作用，能够进一步提高学生的英语应用水平，提高高职院校外贸专业学生的专业知识及能力。

一、高职外贸英语函电课程现状

就目前高职外贸英语函电课程的教学现状而言，常采用的教育教学模式是美国职业培训的 KAS 模式，即将岗位的职业能力分解为 K（Knowledge，知识）、A（Ability，指一般能力）和 S（Skill，指职业技能）。通过 KAS 模式，将高职外贸英语函电课程的主要教学目标变成在学生掌握基本的专业知识的情况下，利用专业知识内容培养自身的独立分析能力，最后达到课程设置的最终目标，即培养学生的综合职业能力。

目前高职外贸英语函电课程进行 KAS 模式的教学主要分为三个方面，即知识目标的分解、能力目标的养成、技能目标的实现。对于知识目标的分解，又可以分为三部分：一是强化英语写作的基础，达到培养学生自主创作外贸英语函电的基础。二是对国际贸易专业知识进行培训，外贸英语函电课程是融国际贸易业务与英语于一体的实用英语课程。它要求学生必须掌握一定的外贸实务基础知识，这样才能进一步学习使用英语进行书面交际所需要的知识和技巧。对学生的国际贸易专业知识进行培训，对于学生撰写真正的外贸英语函电是十分重要的，它能够保证学生在进行撰写的时候更加符合外贸英语函电用词精简、句式严谨的写作特点。三是加强英文版的外贸业务知识在函电教学当中的渗透。外贸英语函电尽管是一门以写作为主的课程，但它是以掌握国际贸易实务知识为基础的。学生学习过汉语版的国际贸易实务和理论，如何用英语进行表述却是一窍不通。因此，教师在进行教学的时候，可以将英文版的业务知识及重点词汇融入日常课堂教学当中，提高学生的知识应用水平。对于能力目标的养成，外贸英语函电课程对于学生能力的要求较高，尤其是学生的国际商贸专业知识及专业英语知识，在课程学习当中会涉及许多专用商务英语词汇。其次，外贸英语函电是高职院校一门操作性、应用性要求较高的课程，要求学生在学习过程中灵活应用，注意语言布局的合理性。对于技能目标的实现，外贸英语函电课程需要的技能较多，为了更好地实现外贸英语函电课程的技能目标，对于外贸英语函电教程的授课内容及形式要与基础英语精读课进行区别，通过适当的写作理论讲解，借助大量的模拟练习，培养学生撰写商务函电的能力。在进行技能目标培养的时候，应当注意学生才是课堂教学的主要目标，教师只是起辅导作用，通过对学生的引导及解答问题，达到培养学生的目的。

在 KAS 模式下，高职外贸英语函电课程的教学模式有了较大的发展，但是依旧存在些许问题需要解决。就目前高职外贸英语函电课程中存在的问题，主要可以总结为三点，分别是课程设置上存在的问题即时间分配不合理，与其他课程之间的协调不到位；教学内容、资源和手段跟不上实际的问题；教师水平跟不上教学要求，一般而言外贸英语函电课程教学教师需要具备四种素质，即扎实的英语语言功底、精熟的外贸实务知识、丰富的教学经验和一定的外贸实践经验，但是具备以上四种素养的教师在目前的高职院校中是非常稀缺的。

因而，在现有的高职外贸英语函电课程教学当中引入新的教学模式，是解决现在高职外贸英语函电课程中存在问题的较好办法。混合式教学作为现代教育模式，被众多教育工作者所推崇，云课堂平台的混合式教学又是混合式教学当中的佼佼者，将其应用到高职外贸英语函电课程当中，将对该课程起到很大的促进作用。

二、混合式教学方案的设计与实施

（一）课情分析和学习者分析

高职外贸英语函电课程在实际课程教学过程中，对于学生的实践应用培养较少，这是由于教学大纲与教学安排时间冲突导致的。前文已经对高职外贸英语函电课程需要学习的知识内容进行了讲解，发现高职外贸英语函电课程在进行教学的过程中，对于学生基础知识的讲解内容较多，同时对于学生实践应用能力的要求也较高，如何使学生在具备扎实的基础理论知识的同时还能够进行大量的实践训练，是目前高职外贸英语函电课程的改革重点。

对学习者即高职院校的学生进行分析，可以发现，首先，高职院校学生的学习依赖其学习兴趣，对于课程学习兴趣较高，其课程的学习效果就好。其次，由于高职院校的学生在进行招收的时候，很大一部分学生是由于升级考试失利，选择到高职院校进行学习的。这部分学生一般在性格或学习能力上存在一定的问题，并且由于大型考试的失利，在初期教学阶段对于学生信心的培养是十分必要的。此外，高职院校的培养方式其实与普通大学的教育培养方式类似，对于学生的管理力度不如高中那般严谨，强调学生自主学习的过程。因此，学生在进行学习的时候，要完成从被动向主动的转变，对学生和老师都是一种考验。

（二）混合式教学方案设计

首先，要将现有的教学资源进行整合。在混合式教学中，需要准备多种教学资源，并且这些教学资源也将会应用到教学课堂当中。尤其是利用云课堂平台的混合式教学，这得力于互联网的便利，资源获取难度降低，教师在进行教学资源整合的时候，可以利用搜索引擎对课堂教学内容所需的教学资源进行关键词搜索，并从搜索的内容中，选取需要的资源进行教学。教师在将这部分教学资源整合之后，上传到云课堂教学平台，供学生课前预习及课后学习使用。

其次，教学方法的融合。对于高职外贸英语函电课程通用的教学方法而言，主要是对美国职业培训的 KAS 模式的应用，对学生的基础知识，学生的技能应用进行多方面的综合培养，但是具体的培养过程依旧有所欠缺。但是，对于云课堂平台的混合式教学而言，借助于互联网的便利性，弥补了 KAS 教育模式当中的弱点，加强了教师与学生之间的交流，促进了教学资源的交互，帮助学生更好地获取课程学习资源，完成自主学习的过程。此外，云课堂平台的混合式教学，还帮助高职外贸英语函电课程解决了实践应用教学时间不足的问题，通过计算机网络技术，将问题的具体内容，借助于网络发送到学生个人账号上，督促学生完成，促进了学生实践能力的提高。并且，对于一些复杂的问题，学生也可以通过计算机软件进行模拟解决，或是借由论坛的形式，对问题进行讨论分析，进而达到解决问题的目标。另外，借助于云课堂平台，通过参考其他优秀教师的教学应用资源及教学录制课堂的视频，教师也可以提升自己的教学能力，达到提升自身素质的目的。前文已经提到了，就目前我国高职院校的高职外贸英语函电课程的教师而言，能够达到四项基础素质要求的教师较少，因而通过云课堂对教师能力进行培养，也是十分必要的。

最后，就是评价方式的混合。高职外贸英语函电课程传统课堂的评价方式分为平时成绩和考试成绩两大部分，平时成绩的主要依据是对学生日常课堂的出勤率进行考核，这样的考核方式不仅缺乏严谨性，并在课堂上进行点名也是对日常课堂教学时间的一种浪费。因而，为了更好地完成对课程平时成绩的评判，教师可以利用云课堂的后台数据，如学生在论坛当中的活跃度，在云课堂平台当中学习的在线时间以及日常测试的平时成绩等数据作为平时成绩的判断依据。通过这样的方式，不仅能够科学地平衡课程成绩与期末成绩之间的比例关系，还能够帮助学生更加主动地参与到云课堂平台的教学当中，提高学生的自主学习程度。

（三）混合式教学方案的实施

混合式教学方案的实施包括四个层次。第一个层次就是线下和线上的混合，线下和线上混合的提出是当人们认识到 E-Learning 模式已经取得不了满意的结果时，将线上课和线下课相结合可以取得比较好的效果。第二个层次就是基于学习目标的混合，学习目标不只是单一的考虑线上和线下的因素，都以"达成学习目标"为最终目标。混合式学习的内容和方法非常广泛。第三个层次就是"学"和"习"的混合，学到的知识要通过习将知识应用到实践中去，让学和习能够高度融合。第四个层次就是学习和工作的混合，工作的本身就是一种学习，使工作能够更好地融入学习中。

高职外贸英语函电课程在进行具体教学的时候，存在许多需要解决的问题。例如，教学时间与具体教学目标的冲突、教学过程中资源利用的问题等。云课堂平台的混合式教学，使学生获取专业资源的难度降低，学生获得实践教学的机会也大大增加。尤其是高职外贸英语函电课程对于专业英语能力的高度要求，在学生使用云课堂平台教学的过程当中，通过对重点词汇的多次强调，达到帮助学生记忆的目的，进而提高学生的基础知识水平，加强学生撰写英语函电的能力。此外，通过在高职外贸英语函电课程中应用云课堂平台的混合式教学，还能够帮助教师提高自身的教学能力，提高课程成绩评判标准的科学性，促进学生自学能力的形成，达到现代高职院校教学的要求。

第六章 职业院校英语教学改革研究

第一节 职业需求与高职英语教学改革

高职英语是高职院校学生必修的一门基础公共课程，对学生的英语语言能力和职业有重大影响。并且，英语在世界范围内使用频率越来越高，高职学生和教师都必须高度重视。教师可基于高职院校学生英语的学习现状、高职英语对学生的重要作用，来探析职业需求与高职英语教学改革的内在关联，以及如何在职业需求视角下有效推进高职英语教学改革。

一个人想要实现自我价值，就需要进行社会化，在社会中进行自我价值的实现，而职业需求也是如此，人们所从事的职业也是在自身动机的影响下，为了达到某一目标而进行的，而职业需求也可以从另一方面进行理解，简单来说也就是用人单位对应聘者的要求。目前，我国就业市场出现的"就业难""用人荒"的现象，很大一部分原因是员工对于自身的职业需求要求不高，满足不了用人单位的要求。所以说，以就业需求为导向、以利于职业需求来进行高职英语教学改革是至关重要的。

一、高职英语教学改革的重要性分析

部分高职院校在进行英语课程设置的时候，并没有将学生的实际情况考虑进去，所注重的也仅是学生的考试成绩，并没有考虑学生综合素质的提高，也没有考虑学生在就业时是否真正具备一定的英语综合运用能力。因此，高职英语课程的设置有些是不合理的。高职英语是高职院校学生必修的一门课程，但在院校内所修习的课程只能体现在学生的成绩上，对学生在社会和职业上并没有太大帮助。最近网络上非常流行的视频中，学生在面对外国人问路时，却连简单的方向、路线都无法准确表达，显得局促不安，这是高职英语教学改革势在必行的重要原因。

二、高职英语教学发展过程中的误区

（一）教育教学理念陈旧

我国的教育在前些年一直被应试教育观念影响着，认为成绩是第一位的，所有的学习

活动也都是围绕着提高学生学习成绩而展开的。近十年，我国的教育理念发生了重大改变，提倡"以人为本"，注重学生个人发展、全面发展，重视学生个体。但是，虽有新教育理念的提出与推行，很多学校仍然沿袭以往陈旧的教育理念，高职英语教学课堂重在学习单词、句型阅读、语法，学生英语考试成绩很理想，但英语实际应用及口语表达就很"骨感"了，成了"哑巴英语"和"聋子英语"，学生在学校中学到的"知识"无法应用到实际生活中。

（二）教育教学方式缺乏创新

高职院校的英语教师在教学方面也存在一些误区，他们的教育教学方式缺乏创新，所用的教学方式还是传统的"耳提面命"式，教师仍作为课堂的主人去主导课堂，学生只是课堂的参与者，对课堂没有什么兴趣，对英语知识的学习自然也谈不上热爱。所以，高职英语教学必须创新。

（三）教育教学缺乏环境的影响

我们所处的大环境对英语学习氛围的创设并没有很大的帮助。我们所学习的英语课程一般都是一周几节课，频次不高，上课时间也较短，这样的课程设置对学生提高英语实际运用能力并没有太大作用。很多学生在上本堂课时，已经忘了上节课所讲的内容，对于所耗课时较多的课程来说，学生根本无法衔接起知识，就更别提融会贯通了。同时，学生在日常生活中与同学、教师沟通时习惯使用汉语，在这样的生活环境、学习环境中，学生的英语学习效果不容乐观。

三、职业需求对于高职英语教学的发展要求

（一）要求高职英语课堂向职业化迈进

职业需求下的高职英语教学课堂，首先要向职业化的方向发展。在课程设置上，课堂要进行与职业相关的英语教学。比如在学习"Computers and the Internet"时，教师在为学生讲述基本内容的同时，还应该适当引入目前常用的大数据信息处理方式，让学生明白学习、学会、掌握"Computers and the Internet"的重要性，教师还应该给学生播放一些人们使用电脑进行大数据处理信息的视频，让学生从多方面对职业需求有详细的了解。教师还要利用教学资源给学生展示一些具体的业务处理方式，让学生对职业需求有更深层次的感触。教师还应给学生展示一些人们在工作中的英语对话视频，比如某次国际商业会谈的直播等，让学生对职业英语有一个生动直观的印象。总之，就是要让英语课堂迈向职业化道路。

（二）要求教师熟练掌握职业化英语技能

职业化英语课堂的教学主体虽然转变为学生，但仍需教师进行引导，所以这也对教师的教学能力及教学技巧提出了更高要求。首先，教师要熟练掌握职业化教学的方式，对一些职业英语内容要有充分的准备和把握，并且在面对学生的疑问时要有能力正确解答。其次，教师要有足够的引导与组织能力，在进行职业化英语课堂教学时，要有详细的课程进

度计划和设计，让学生能够充分融入职业化英语课堂中。

四、职业教育与高职英语教学结合的优势分析

（一）利于学生的职业化转变

学生在高职院校内对职业需求下的英语教育有了详细了解，并且能够很好地掌握职业英语之后，就可以快速融入社会活动中，利于学生加快职业化转变。这种转变不仅体现在能够快速面对职业中出现的一些问题，还体现在学生有足够的能力去独自处理有关英语的问题，有足够的信心去展现自己，有益于自身的长远发展。

（二）利于建立自己的办学特色

目前职业需求下的英语教学还没有太多的实践案例，所以，高职院校可以把自己的办学特色充分融入职业英语教学课程中，形成自己的办学优势。根据调查研究，目前我国很多高校的英语教学仍停留在基础英语教学上，对职业英语教学方面很少尝试。所以，高职院校进行职业需求下的英语教学改革可以说是一个很大的发展契机，我们应该抓住机遇，迎接挑战，形成自己的办学特色，提高自身知名度和信任度。

五、职业需求与高职英语教学结合的路径分析

（一）寻求学科与职业教育的相交点，进行针对性研究

英语与职业教育是有许多相交点的，我们可以利用这些相交点，进行共同发展。比如，英语课程中的商务英语教学便于职业教育中的商业交流，我们可以利用情景教学法在学习商务英语课程时融入职业教育。教师可以为学生设定特定的情景，如商务英语会谈的场景，让学生自愿报名，教师为学生指导剧本中的英语语句及语法，并向学生讲述在商务英语会谈中应该注意哪些问题，然后以舞台剧的形式让学生在课堂上展现出来，教师要对表演出彩的学生进行表扬，然后让学生自由发言，说出他们对此次舞台剧的疑问点，教师再一一解答。这样的教学方法能让学生对课堂产生浓厚兴趣。

（二）通过实际数据收集、分析及调研报告，有的放矢地指导教学实践的展开

每个学生都具有自身特色，每个学生的学习态度、学习方法、学习进度都是不一样的，教师不能一概而论，应具体情况具体分析。也就是说，教师应该收集每个学生的学习情况，可以以调查问卷的形式，也可以是面对面谈话的形式。在了解学生实际情况后，要对学生的学习情况进行分析并形成书面报告，然后给出具体的学习指导意见，做到有的放矢。

（三）构建职业化高职英语课堂教学新模式

高职英语课堂改革，是构建完整的教学模式必不可少的，我们要积极探索，形成独具

特色的教学模式。比如，英语课堂互动模式。教师可提前给学生发送本堂课的部分学习任务视频或者微课，让学生提前学习，同时发现自己对本课内容的疑问，然后带着疑问上课。教师在本堂课开始时可播放一些为本堂课精心准备的教学视频或者微课，鼓励学生展示自己的学习成果，然后在本堂课教学过程中设立答疑解惑讨论环节，解答学生在学习过程中遇到的问题。教师与学生在课堂上的互动，要尽可能地让学生觉得自己是被关注、被尊重的，从而大力提高学生对课堂的认知度。教师还要引导学生，让他们进行互动分享，分享彼此对本堂课内容的看法、交流心得体会，共同进步，形成一个完整的教学互动模式，让学生喜欢并认可课堂，在规律的课堂模式中更快乐地掌握知识。

（四）利用多媒体技术手段展开教学

在大数据时代，信息处理越来越普及，处理的结果也越来越完善，所以，在高职英语教学中，我们要使用先进的教学手段来展开针对性教学。首先，高职院校要完善基础设施建设，比如教室中的多媒体教学设备、专业的英语语音练习室、对话练习室、情景教学实验室等，为教师及学生提供一个优良的学习环境。教师可以借助多媒体教学工具给学生放映与课程相关的视频、图片、资源等，让学生能够对知识进行多方面的了解学习，把英语知识贯穿起来，了解知识形成的背景、适用的场景等。教师也要充分利用语音练习室，为每个学生都配置一套独立的语音练习设备，并控制学生的设备使用范围，这样既可以监督学生的学习进度，又可以让学生得到更好的学习体验。其次，教师还应借助方便快捷的微信公众平台进行教学，建立英语学习交流群，在群中给学生布置任务、答疑解惑、交流学习体会等，让教师能够详细了解每个学生的学习态度及学习进度等。微信公众平台中还有很多参考价值很高的英语教学资源，比如某个英语单词的详细分析、词组的使用语境、语法的详解等，教师要在甄别后分享给学生，改变以往传统的教学方式，激发学生的学习兴趣，而且这些学习资源所占用的时间不多，可以充分利用学生的碎片化时间。

第二节　高职英语教学改革思路与方向

一、高职院校英语教学改革的总体思路

（一）充分利用多媒体

近年来，随着科技的不断发展互联网在教学中的应用越来越广泛，想要充分实现对高职院校英语教学的改革，教师就要注重信息技术在英语教学中的应用。因为英语课程属于一门语言类课程，所以需要教师在教学中注重口语以及听力教学的开展，保证学生能够得到较为全面的锻炼。但是传统教学方法过于死板，难以调动学生的参与积极性，学生也缺少进行口语练习的机会。所以教师可以利用多媒体等方式开展教学，让学生通过视频练习

听力，教师也可以对视频内容进行剪辑，让学生通过视频进行对话训练。在此种环境下学生会更加积极地参与其中，并想要学习英语。

以英语文学教学为例，在对一些文学作品进行介绍时，教师首先可以对其中的故事进行讲解。之后要从英语课程的角度出发，教授学生英语单词以及基本的英语对话。教师可以从中选取一些情节利用多媒体以有趣的形式将其展现出来，在此过程中教师还可以搜集一些与教材相关的课外英语知识，增加课堂趣味性使学生在更加有趣的氛围中学习英语。

（二）注重多层次教学

高职院校与其他普通大学不同，高职院校更注重培养学生的专业能力，所以招收学生的条件与其他大学相比也存在较大的差异。由于招收条件较低，所以学生的成绩存在较大的差异性。英语教师在开展教学之前可以对学生进行简单的测试，了解学生的英语基础。根据学生的英语水平对教学内容进行合理的设计，保证学生可以得到较为合适的教育。

以词汇教学为例，教师在专门针对英语词汇开展教学时，可以结合学生的实际情况对教学内容进行设计和分层。对于学习能力较强、英语水平较高的学生，教师可以直接开展高难度英语单词的教学，比如可以直接将需要学生掌握的单词以首字母为标准进行分组。A：abandon、absolute、abundant B：bachelor、balance、banquet 等等，以此种形式开展词汇教学能够让学生更加系统地丰富自己的词汇量。对于英语水平较差的学生，教师可以从学生感兴趣的角度出发，比如选择一些与电影、玩具以及游戏相关的英语单词，在解释这些词语的含义时能够更好地吸引学生的兴趣，使其投入其中，更好地掌握这些词汇，提高学生的英语水平。

二、高职英语教学改革的主要方向

（一）注重教学内容之间的联系

在传统教学中，教师会过于注重教材中内容的教学，这使得每节课与每节课之间的内容缺乏衔接性。学生在学习过程中也很难将所有知识连接起来，为此教师需要对英语教学内容进行调整，保证整个教学过程的连贯性，这样能够使学生对英语知识进行较为系统的掌握。在对教学内容进行整理的过程中，学校可以邀请一些较为专业的教师，提高英语教学的质量，从而达到英语教学改革的目的。

（二）了解教材特点开展教学

很多高职院校的英语课程与学生的专业有着一定的联系，所以在开展教学过程中教师需要从专业教材的角度出发，结合学生的实际情况开展教学。尤其要将英语教学与专业知识结合起来，保证学生在学习过程中不断提高自己，为学生未来的发展打下良好的基础。例如在对机械专业的学生进行教学时，教师要适当地了解相关行业常用英语单词，通过与英语教材的结合开展有效教学。

（三）丰富教学内容扩大教学课堂

在开展英语教学时，教师不仅要丰富教学方法，还要注重丰富教学内容。高职院校与其他院校类型不同，为此教师不能将英语教学局限于课堂。教师可以对教学模式进行重新设计，带领学生"走出教室"。例如，教师可以搜集一些英语报纸、英语文学作品以及学术交流新闻等等。利用这些知识开展英语教学，扩大学生的英语学习知识面。另外，教师还可以组织学生开展英文朗诵活动，在准备活动中学生可以了解到更多的英语知识，这对于实现英语教学改革有着较大的促进作用。

综上所述，高职院校英语教学的改革并不是一件短期内能够完成的事情，为了更好地促进教学的开展，教师需要从较为全面的角度出发，找到合适的改革思路。之后需要教师结合实际情况对改革方向进行明确，从而提高英语教学质量，促进学生发展。

第三节　赛学结合与高职英语教学改革

赛学结合的方式在高职英语教学改革中已经逐步兴起，高职英语教学与竞赛中需要达到双方的相互促进作用，而不能片面追求某个环节，忽视另一环节。近年来，技能大赛在职业教育中所占比重越来越大，不仅增加了选拔人才的途径，也促进了我国职业教育实践基地的建立。本节以高职英语教学改革为例，欲深刻说明高职英语教学中赛学结合的进步意义，旨在为高职教育过程提供借鉴，以期待更好更进步的教学。

近年来，我国培养社会主义事业需要的人才，除了需要知识型人才之外，也对应用型人才更加重视。职业教育过程中，除了课堂上的知识学习以外，还有课堂外的实践活动，包括外出见习、互动交流等等。高职教育中的英语教学关系学生未来的发展，因此，在教学改革过程中，需要用竞赛的方式考量教学过程的质量。以竞赛的方式帮助学生学以致用，使教学与实践紧密结合，相互产生良好作用。赛学结合的方式能给高职英语教学带来许多益处，设置这一环节有助于学生更好地学习，也有利于教学改革的有力推行。

一、赛学结合在高职英语教学改革中的实际需要

（一）赛学结合的依据

根据我国教育发展阶段的更新进步，我国在教育过程中更加重视对应用型人才的培养，在高职教育中更是如此，需要高职中的学生更积极地投入实践中，而英语教学中，如何将课堂所学运用到实践当中，主要在于英语口语和英语文章的表达。而举办竞赛可以使学生将英语口语能力和写作能力表现出来。竞赛与教学是一个相辅相成的过程，学生在竞赛氛围中能够将平常所学知识快速聚集、提炼重点、完成竞赛。另外，高职教育面对的人才培养目标以就业为主，学生在完成学业之后如何与工作衔接是教育者应当考虑的头等问题，

竞赛与教学相结合的方式正好给予学生一个操作的机会，让他们学英语、读英语、用英语，让他们更进一步接近工作气氛，学会灵活运用英语知识，以备之后的职业需要。

（二）赛学结合的目标

赛学结合是高职英语教学过程中的创新，但举办者和参与者都应当明白赛学之间的关系和赛学结合的目标。比赛是一种促进学生学习的有效途径，在比赛当中，学生和教师都受益良多。教师可以在比赛中看到一些学生的精彩表现和学生表现出来的某方面的不足，同时也可以关注一些不愿意表达自己的学生，帮助他们找到自信，积极参加比赛，以期望学生广泛参与比赛，基本实现学生的集体参与。学生在比赛中也有追求完美、追求自信的过程，将所学知识和比赛技巧一起运用起来，使学有所用，赛学结合，同时激发他们更加深入的学习劲头，使所学知识更加丰富。这样，他们在未来的英语相关职业中的表现必然不俗，也达到了高职教育中对学生就业的目标的实现。

（三）赛学结合的方式

在比赛和学习之间，教师和学生要找到平衡点，这样不仅能使所学运用到比赛过程中，也能使比赛的感悟和进步促进学习的完成。无论是比赛还是学习，教授者和接受者都应当明白交流学习的重要性。比赛和学习过程中，教师和学生要认识到相互合作的重要性，及时交流、相互学习，以提高自身能力；同时，对比赛流程、比赛内容、方式等也能及时交换意见，使比赛过程更加完善，保证其过程完整、效果明显。此外，教师与学生也要善于交流，教师与学生之间是教学相长的过程，教师可以在与学生交流的过程中，了解学生、知道学生的求知需求，并且可以根据学生的特点制订学习计划、学习方式、比赛方式，帮助学生更了解自己，以更好地完成教学。学生在与教师进行交流时，可以更加了解对方，并向教师提出自己的意见建议，无论在教学还是在比赛中，学生富有创新的建议都会给整个过程带来许多亮色，使活动变得更加年轻有活力。赛学结合是创新的，在创新的过程中必然会存在一些不足之处需要各方力量相互提醒，不断改进，以达到更加完美的效果。

二、赛学结合中赛与学的关系

（一）学是赛的基础

学习是学生的主要生活，高职教育虽然目标明确，许多工作都以学生未来就业为主要方向，但是，必须承认的是，高职教育是教育的分支，换言之，高职教育的教育依然主要指向学生的课堂学习。高职教育中的英语教学具备完整的体系，学生对英语单词、语法、句子和文章的学习理解是高职英语教学的重点，教师制订的教学目标主要集中在学生掌握相关英语知识，因为只有学生具备了英语知识，具备了基本的英文素养，才能有条件让教师举办，学生参与比赛，学生在比赛中才能更好地展示自我，获得实践经验，使自己获得成长进步。因此，学是赛的基础。

（二）赛是学的延伸

学生学习知识之后，选择检测方式十分重要。比赛是检测的一个新途径。以往的教学之后，学校多采取教师课堂检测、试题检测等方式，方式老套，会使学生感到厌倦，进而对英语学科产生厌学情绪，旧的检测方式也使整个课程显得刻板起来。在选择以比赛的方式对学生所学知识进行检测时，应当考虑到对他们所学知识的对应和适当延伸，比赛是一个令学生振奋的项目，会使学生将日常所学融会贯通。同时，为了比赛，学生在查阅资料、准备的时候可以达到对教学内容的拓展和进一步完善，并在深入了解英语学科和知识的同时，增加对其的学习兴趣，使日后的学习更加轻松。

三、赛学结合对师生的影响

（一）赛学结合对学生的影响

赛学结合的参与主体是学生，因为举办比赛的初衷、方式、最终目的都与学生息息相关，在学生积极参与的过程中，学生首先可以对所学英语知识进行实际应用，利用比赛形式，诸如口语对话、讲演、写作等方式将平常学习的知识串接起来，将理论上的单词、语法等运用到实际对话、讲话、写作当中，在灵活运用英语的过程中，有效避免一直以来中国学生普遍存在的"哑巴英语"和"中式英语"等错误现象。同时，参加比赛除了知识学习上的提升外，还对学生个人的进步有很大帮助，如学生参与比赛会增强自信心、为了自己尽善尽美的表现而对自己有了要求。同时，在准备比赛的过程中学生可以对自己的学习时间有更具体的规划，学会高效完成作业，以腾出时间准备；学生还可以在查阅资料时了解各种学习英语的渠道和方式，为以后学习提供更加便捷的方式方法。另外，这些知识以外的能力提升，不仅有利于未来学生的英语学习，也可以对其他科目的学习产生超额的效应，帮助学生养成学习的良好习惯，使所有学习更有章法，更加轻松，更有效率。

（二）赛学结合对教师的影响

赛学结合的组织主体是教师。教师每天与学生的接触非常多，因此，教师对学生的特性更加了解。在举办比赛的时候，教师应当根据学生的学习情况、学生的个性特征等方面综合考虑比赛的形式和内容，比赛从开始准备和最终结束，不仅学生能够得到很大的提升，而且教师可以在其中获得许多益处。首先，教师在准备比赛内容时，可以更多地与同事、学生进行交流，可以增进彼此的感情，相互更加了解，从而在汲取各种建议的同时相互增进自身的教学和学习能力。其次，教师本着终身学习的原则，在准备比赛和最终完成比赛中，教师可以学习相关的比赛知识，同时对学生的交流方式有所了解，增进和学生的交流。教师在比赛之余，也可以拓宽自己基础教学时的方式方法，以更加完善的教学方式完成英语教学。

四、赛学结合对教学改革的作用

（一）重组教学过程

赛学结合近几年受到各级各类学校的重视，不论科目、不论年级，赛学结合都是一种进步的教学方式，赛学结合是对之前教学方式的重新考虑，在原有的教学方式上，重新选择，给原有方式带来进步。

第一，在教学目标上，原有教学目标主要针对学生的学习内容掌握，而赛学结合的方式可以让教师对原有教学目标产生思考，在制订教学目标时，不仅要考虑到学生对知识的掌握，还要涉及学生在掌握知识之余对实践的认识，引导学生在学习之余多思考、多实践，重视实践环节。第二，在教学方式上，赛学结合拓宽了教学方式，除了以前的课堂教学、试题测验，教师有了另一个教学方式，在准备比赛等这些课堂外的活动时，仍旧是教师进行教学的良好机会，同时，在与往常不一样的教学环境中，教师的教学效果会更好。第三，在教学过程中，增加比赛这一环节是对学生日常学习的调节，在每天定时定量的学习之余参加这样的活动，可以让他们放松一下心情，同时对自己所学有所拓展，十分有利于他们以后的学习。

（二）赛学相近、教学相长

比赛与学习的关系正如教师与学生的关系一样，双方是相互联系、相互促进的。高职英语的学习最终是为了实践，在学习了英语的相关知识之后学生必须进行实践应用才能算作掌握这门科目，而比赛丰富了学生学习的方式方法，让学生的学习更多样化，也更加完善，让学生在实践中掌握知识，完善了教学环节。在赛学结合的过程中，教师和学生必须清楚，比赛不是最终目的，我们在比赛中获得知识和能力，但是不能就此停留在这个比赛当中，而应当在比赛之后思索继续深入学习的方式和必要性。同时，思索运用知识进行实践的益处，为了以后更加积极地参与实践提出借鉴。高职教育的英语教学在赛学结合方式上的实践也为各科目提供了借鉴，越来越被重视的实践环节将遍及各个科目的学习当中。

教学和比赛是一个循环的过程，二者缺一不可，在新型的教学过程中，教师已经开始重视起学习知识和体验实践对学生的共同作用，现代职业教育以促进就业为主，因此，在教学之余，对学生的实践环节越来越重要。人才市场对应用型人才的大量需求让教师必须及时更新教学思想，根据社会对人才的需要改进教学方式和内容，赛学结合的方式正是在更新教学思想的时候产生的创新型培养人才的方式，它集知识和实践于一身的特点，正是现代高职教育所需要的。但与此同时，赛学结合在我国高职教育中的发展尚有不足，许多学校因为各种客观或主观原因难以实现全员性的实践体验，许多教师尚不能完全适应赛学结合的方式。因此，赛学结合的教学方式在日后的发展还需要更加努力，不断进步，为学生未来的职业之路不断完善。

第四节　慕课背景下的高职英语教学改革

随着互联网时代的到来，我国职业教育工作也不断创新和发展，当前在慕课背景下转变了传统课堂教学模式，实现了线上线下的高效结合，这在提升课堂教学效率与教学质量方面发挥了重要作用。本节主要以此为背景对当前高职英语教学改革展开分析和探讨。

近年来，随着现代科学信息技术在教育中的运用，我国教育现代化水平不断提升。慕课教学是信息网络技术运用于教育教学中的重要体现，慕课在教学中的运用，改变了传统的教学模式，对推进教育现代化具有至关重要的意义。对此，高职院校在开展英语教学时，应该充分发挥慕课的作用，在慕课背景下，推进高职英语教学改革。

一、慕课概述

（一）慕课的含义

慕课是一种大规模的在线授课模式，可以免费向学生提供学习资源，并同时对多名学生进行授课，且在教学平台上汇聚了大量的精品课程，可以很好地满足不同学生的学习需求。慕课课程模式让以往单一的教学模式开始变得丰富起来。我们的授课形式也不再是单纯的教师在课堂中对知识点的讲解和整理，而是通过让学生观看简短的教学视频，帮助学生利用碎片时间进行学习。学生在观看视频的过程中注意力将会集中起来，有助于学生深入理解重难点知识，相比于传统课堂教学这种教学模式无疑更为有效。

（二）慕课在高职英语教学改革中的作用分析

随着我国教育现代化水平的不断提升，慕课在教育中的运用越来越广泛，将其运用于高职院校的英语教学中，有利于推进英语教学改革，提升教学的质量与水平。首先，改变了传统单一的教学方式。慕课的出现和运用，改变了高职英语教学原本单一的只能在课堂中进行教学的方式，使学生不仅能够在课堂以外的地方听英语课，还能够学习很多优秀教师的英语课程。其次，有利于提升教师的能力和素质。高职院校的英语教师可以通过慕课来观摩优秀英语教师的教学，在向优秀教师学习借鉴的基础上，不断提升自身的教学能力和素质。最后，方便学生学习，有利于提升学生的英语能力。在传统课堂教学中，有时教师的进度较快，讲完了就过去了，学生很有可能没有听懂，但运用慕课教学，学生遇到不懂的地方可以反复多听几遍，能够方便学生学习，提升英语能力。

二、慕课背景下的高职英语教学改革策略

（一）强化学生英语应用能力培养

高职院校主要培养应用型人才，因此，高职英语教师必须在英语教学中提高学生的英

语应用能力。首先，高职教师应意识到英语应用能力培养的重要性，形成正确的教学观念，摆脱传统教学观念束缚。教师在传授学生知识的同时，需要构建应用场景，提供给学生应用机会，提高学生的知识熟练度。其次，高职教师应以学生为中心，以慕课教育为基础，构建高职英语课程体系。教师需要将慕课课程分为不同层次，让学生根据自身实际水平选择课程，降低学生的学习难度，提高学生的学习效果。在设计慕课课程时，教师需要根据学生喜好搜集素材，丰富课程内容，提升课程趣味性，从而激发学生学习兴趣。最后，高职教师需要针对学生反馈情况，优化课程设计，让学生充分利用教学资源，增强学生的英语应用能力。

（二）基于慕课背景，打造高职英语翻转课堂

要想真正地进行教学改革，教师需要对班级内学生的基本情况有一个大概的了解，充分掌握学生现阶段的学习程度。在这个基础上打造高职英语翻转课堂。教师给学生创设教学情境，加强师生之间的交流和互动。然后让学生利用课下时间进行自主的学习和巩固。通过翻转课堂的应用节省了课堂中的有效时间，学生的学习也开始逐渐主动化。另外在慕课背景下，教师可以根据学生学习程度的不同采取多样化的教学模式，让每个学生的学习能够根据自己的实际情况进行，提高所有学生的英语水平，真正实现因材施教。例如，我们在学习江苏出版社高职英语 Unit2 Family and Friends 时，可以让学生课前利用网络平台对这部分内容进行学习，然后将疑惑的部分带到课堂中大家一起讨论得出结果，这样往往能够使学生获得更深刻的印象。在我们给学生制作的视频中，应该涉及重点句式，如 name after、get together 等等，让学生进行自学和勾画。

（三）大力开发慕课资源

以往高职英语教师在教学中通常是照本宣科，将书本知识当作金科玉律，殊不知这种做法抑制了学生的想象力和创新力，让学生对英语学习产生了厌倦感。在教学改革背景下，教师需要结合教学大纲的要求，将课堂教学与慕课教学紧密结合起来，给学生带来新颖丰富的学习体验。在慕课教学中教师可以让学生在线进行英语学习和练习测试，系统将会自动进行打分，学生可以实时地了解当前自己在英语学习中的不足之处，有针对性地加以弥补，促进学生的自我完善和自我优化。除此之外，慕课平台还给学生提供了口语交流机会，使得学生的英语听说读写能力都得到了明显的锻炼和提高。

（四）构建有效的监督评价体系

由于学生通过慕课学习英语课程主要是在课下时间进行的，所以，对于学生实际学习情况的监督，还应该体现在测评和评价上。因此，应该实现学生学习评价的多样化，更加注重过程性评价方式的运用，运用形成性评价，对学生的学习过程以及学习结果进行评价。例如，每一节慕课完成后都附带着相对应的习题，教师通过学生的习题完成度及完成水平来了解学生的学习情况，并以此为根据适当调整教学策略、组织教学内容。

综上所述，基于慕课教育的高职英语课堂教学改革，是提升高职英语教学质量的重要

手段，也是高职英语现代化发展的必然途径。高职英语教师应充分利用慕课课程，将线上教育和线下教育相结合，提高学生的英语学习水平，帮助他们更好地提升专业英语能力。

第五节 "互联网+"背景下的高职英语教学

目前，随着信息技术的不断发展和进步，大量新的东西涌入教育领域之中，我们正迎来"互联网+教育"的全新时代。本节我们就从高职英语教学入手，对"互联网+"带来的好处进行分析，不断探索如何在"互联网+"背景下进行高职英语教学的改革。

迅速发展的信息技术正在改变我们的生活，我们的生活也开始逐渐变得无法离开信息技术所构建的互联网网络，"互联网+"的时代已经到来。对于教育领域而言，"互联网+"成了推动教学改革的新动力，使教学改革呈现出了创新化、科学化、数字化的新特征，教师开始越发频繁地借助互联网技术更好地实施教学，而学生也开始越来越多地应用互联网技术更好地进行学习。接下来，我们就基于"互联网+"背景来对高职英语教学改革进行研究。

一、"互联网+"为高职英语教学改革带来的好处

我们回过头来看传统的高职英语教学，就会发现其中有很多薄弱环节，或是由于教师教学太过偏重英语基础理论知识，而没有积极鼓励学生大胆开口说英语，导致学生学习到的是"哑巴英语"，影响了学生英语口语能力的培养；或是由于教师教学过分依赖教材，而教材的内容又没有得以及时更新，导致了教学内容与时代脱节，制约了学生英语综合能力的发展；或是教师没有有效渠道去进行教学理论和理念的更新，而未能将新的教学方法引入教学之中，导致一直沿用传统教学方法来实施教学，阻碍了学生英语学习能力的提升。随着信息技术的出现和发展，高职英语教学又开始有了新的转机，"互联网+"不仅惊艳了我们的生活，还为高职英语教学改革带来了诸多好处。

（一）"互联网+"营造了良好的英语语言应用环境

"互联网+"时代是电子设备的天下，几乎每个学生都能够娴熟地使用手机、平板电脑、个人电脑等互联网终端设备，从互联网网络上获取大量的资讯和信息。只要高职英语教师引导得当，就能让学生更为便捷地获取综合性更强的教学资源，对学生进行集文字、图片、音频、视频于一体，多维度刺激，借此来给学生营造出良好的英语语言环境，促使学生更好地去训练听说能力，帮助学生撕掉"哑巴英语"的标签以利于教学改革的进行。

（二）"互联网+"带来了极为丰富的教学内容

"互联网+"概念的兴起推动了教学改革的进行，原先提倡的"知识资源数字化"升级成了"基于互联网的大资源观"，更为丰富的教学资源使学生能力的培养变得简单起来。

只要高职英语教师应用得当，便可以借由互联网获取更为丰富的教学资源，对教材原有资源进行合理补充及拓展，将教材中已落后于时代的教学内容予以替换，保证教材中的教学内容能够更好地满足学生的学习需求，用更具代表性的问题来让学生对学习进行更为深入的思考，帮助学生更好地发展自身英语综合能力以促进教学改革的进行。

（三）"互联网+"拓宽了教师教学水平提升的渠道

"互联网+"为教师带来了更多的新鲜资讯，足不出户打开电脑就可以了解当前教学前沿，获取大量先进的教学理论用于自我提升，此时教学理念也得到了更为及时的更新。只要高职英语教师使用得当，就可以及时利用互联网来获取新的教学方法，并根据具体的教学需要或学生的学习需要来选择最佳教学方法予以应用，确保学生能够获得更为个性化的发展引导，帮助学生更好地提升自学能力以深化教学改革。

二、基于"互联网+"背景的高职英语教学改革

信息技术发展的不断深入迎来了"互联网+"时代，而"互联网+"时代的到来又推动了教学改革的进行。当高职英语教师看清"互联网+"为教学改革带来的好处之后，所要做的就是要基于"互联网+"背景来将教学改革予以落实，使得"互联网+"能够发挥好其应有的作用，为切实搞好高职英语教学奠定基础。

（一）基于"互联网+"背景来营造良好英语语言应用环境以培养学生的英语听说能力

高职学生普遍存在基础较差、学习能力不足、学习兴趣缺乏和学习积极性缺失的问题，故教师必须要从多方面入手来进行教学改革。比如，高职英语教师通过观察发现，学生在课余时间喜欢听音乐来舒缓情绪，且学生并不排斥听英文歌曲，所以，教师就可以基于"互联网+"背景从英文歌曲进行教学切入，通过互联网获取一系列的英文音乐短片（俗称MV），以便给学生带来一场视听盛宴，用"视觉+听觉"的立体刺激来为学生营造绝佳的英语语言应用环境，这样学生的英语听说能力才能得到更好的培养。

（二）基于"互联网+"背景来丰富教学内容以增强互动

高职学生大多在学习中表现得极不自信，在课堂上羞于同教师进行交流，不敢积极地进行自我展示，故教师多半会感觉教学有些力不从心。所以，高职英语教师可以基于"互联网+"背景来进行教学改革，在课前就精心准备相关的教学视频，通过网络来让学生获取这些视频，让学生以自主学习的形式来对视频进行观看，用更为丰富的教学内容来让学生做好听课的准备；同时，在课余时间可以使用互联网来搭建师生之间及生生之间的交流平台，或通过留言的形式来让学生向教师寻求帮助，或让生生之间交流学习经验，或让学生根据教师布置的话题来展开讨论，以便让课堂教学的效果得以有效巩固。这样，"互联网+"就推动了互助式教学的开展，师生之间和生生之间就形成了更好的互动，从而使高

职英语教学改革得以更为自然的进行。

（三）基于"互联网+"背景来拓宽教师提升渠道以强化教学引导

"互联网+"背景下高职英语教学改革对教师提出了更高的要求，教师必须要借助互联网来进行教学理念的转变，在不断学习中提升自我以引入更多新的教学方法，更为主动地对教学引导进行强化。所以，高职英语教师除了要让学生借助互联网来丰富学习之外，还要更为积极地使用互联网来获取更为丰富的教学前沿咨询，通过不断学习来提升自我，从而引导教学改革得以更好的进行。

基于"互联网+"背景的高职英语教学改革是一大创新，我们需重点把握时代发展的趋势，对"网络教学平台开发、利用、更新和维护"的问题进行关注，从长远考虑如何更好地使用信息技术来促进教学改革，对教学效果进行有效增强。在未来，"互联网+"终将成为进一步推动高职英语教学改革的关键，帮助学生更好地获得英语综合能力的培养以满足社会发展的实际需求。

第六节　课程思政视域下高职英语教学改革

高职院校虽然致力于培养具备专业技能的人才，但是随着教育改革的逐步深入，立德树人、素质教育等理念逐渐在高职院校中占据重要的位置，并起到了主导作用。因此，在高职院校中，思政教育受到了更多的重视，并贯穿在各个学科中。本节将以高职英语教学为研究对象，探讨在课程思政视角下如何展开高职英语教学改革，为学生自身的发展提供更加全面的教育服务。

在课程思政理念提出后，高职英语教师应当将思想政治教育放在教育的首要位置，并将其与英语教学全面融合，培养出高素质、复合型人才。在高职英语教学中，教师不仅要向学生传授英语知识和技能，同时也要帮助学生树立正确的三观，纠正错误的思想，充分发挥英语教学的育人作用，为学生综合素养的提升奠定基础。因此，对高职英语教学进行改革有着非常重要的现实意义。

一、课程思政在高职英语教学中的作用

课程思政主要是指在全员参与、全课程参与以及全方位参与的基础上，将立德树人作为教育的根本目标，将思政教育与各个学科有机整合，形成以育人为目标的课程思政体系。在当前的高职教育中，我国多数高职教师依然认为帮助学生树立正确的思想观念是思政教育的任务，而其他学科只需要完成教学任务就可以，各个学科与思政教育工作之间脱节的现象较为严重，无法充分发挥协同育人的积极作用。由此可见，在教育改革过程中，各个学科与思政课程相互整合已经是大势所趋。因此，在高职英语教学改革的过程中，相关教

师不仅要将思政课程的主导性作用充分发挥出来，同时也要在立德树人的基本理念下，更好地肩负起德育教育的重任，积极将思政教育与本学科教育结合，在帮助学生掌握英语知识的同时也帮助学生树立正确的思想观念、价值观、人生态度等，为培养我国社会主义事业接班人提供强而有力的支持。

二、课程思政视域下高职英语教学改革的途径

基于课程思政在高职英语教学中的重要作用，高职院校以及英语教师应当联合起来，加强教学改革，在高职英语教学中更好地融入思政教育，促进课程思政体系的进一步建立。

（一）注重英语教师思政教育意识的提升

教师自身的思想和行为方式都会对学生产生直接影响，因此，教师不仅是知识的传授者，更是思政教育的示范者。在英语教学改革过程中，高职院校应当注重英语教师思政教育意识的提升，强化教师自身的思政教育意识，提高其道德修养，以更加高尚的品格展开英语教学，为学生做良好的示范，引导学生树立正确的三观。在实际教学过程中，中西方文化之间存在一定的冲突，教师在教学过程中需要引导学生正确面对西方英语国家的文化和历史，并坚定自身的社会主义思想意识与核心价值观，以强烈的民族自豪感言传身教，坚定自身的政治立场，进而在英语教学中以坚定的信仰、高度的民族荣誉感逐渐感染学生，让学生在正确掌握英语国家文化的同时也能够正确认识我国文化的价值。

（二）教师注重教学方法的创新

在高职英语教学改革过程中，教育方法的创新是促进思政教育融入英语教学过程的重要手段。高职英语教师可以根据学生自身的特点以及思政教育的基本要求，采取灵活且多样化的教学手段，为学生创造形式多样化且趣味性较强的英语课堂。如教学效果良好的任务教学法、情景教学法、多媒体教学法等，这些方法各有优势，教师需要掌握不同教学方法的优势，并在教学过程中正确使用，凸显思政教育的重要性。如在使用多媒体教学方法的时候，教师可以通过多媒体课件来为学生展示时事热点内容，将当下的热点问题引入课堂，并对学生进行正确的引导，多角度看待问题，客观地对问题进行分析，一方面帮助学生养成关心时事政治和热点的习惯，另一方面也可以在问题探讨的过程中帮助学生树立正确的世界观和价值观，不仅能够锻炼英语知识的运用能力，同时也能够达到思政教育的目的。

（三）改革教学评价机制

在高职英语改革的过程中，教师除了要对教学方法进行改革外，还要对教学评价机制进行改革。在日常教学过程中，由于英语并非学生的母语，且单调的词汇、句子、语法等都会让学生产生畏难的心理，很多学生会甚至因此而产生厌烦学习英语的情绪，进而表现不良，影响英语教学的整体质量，甚至还会让学生产生排斥英语学习的想法。教师如果仍然采用传统的评价方式来对学生进行评价的话，很容易导致学生放弃英语学习的情况产生。

因此，教师在制订教学评价机制的过程中，要采用多样化的教学评价方式，并在评价的过程中将思政教育融入其中。如教师采取激励表扬的手段来对学生进行评价，言语中带有欣赏和鼓励的意味，让学生的心理得到安慰，进而在教师的鼓励下正确进行英语学习，正视英语、正视挫折。

总而言之，在高职英语教学过程中，要将思政教育进一步融入，建立课程思政体系。教师要树立正确的育人观念，将英语教学内容与思政教育有机结合，形成以立德树人为根本目标的课程思政体系，通过改革教学方法、评价机制等手段来增强英语教学的整体效果，同时也提高了思政教育的效果。

第七节　高职英语教学改革与专业建设契合

高职院校的英语课程教学改革，需要教师重视自身知识面的拓宽与更多元化的契合模式，帮助高职院校的英语课程不断跟随时代的发展要求进行改革。而且高职院校的教师还应该结合行业建筑相关的知识与需求，推动高职院校英语课程教学质量不断提升。

高职英语教学改革与高职院校的专业建设必须紧密结合在一起，通过多元化的路径能够帮助高职院校教学改革与专业日常教学之间形成紧密的联系。高职院校是面向职业发展的重要教学层次，因此在建议帮助高职院校学生形成良好英语知识和能力的过程中，也要根据高职院校所开设的专业情况进行综合性的建设，这样才能从真正意义上帮助高职院校的学生掌握好专业的英语技能，能够为自身专业技能的全面发展形成良好的语言基础，为学生适应当前时代发展要求，形成良好的推动力。

一、英语教学改革与专业建设共同促进的方式

一方面，高职院校的英语课程教学改革需要紧密联系当前专业建设的需求，也就意味着高职院校在开设英语课程的过程中，要重视英语课程教学研究与专业学科的建设之间的联系，只有形成良好的互动与联系才能够进一步调动学生的专业知识与技能，从而为学生的全面发展奠定好基础。英语教学改革要与专业建设同步形成互动关系，也就是高职院校的英语教师与专业学科的教师要保持密切的交流，这种交流是十分有必要的，将决定英语教学改革是否能够与专业知识的教学相匹配。专业知识有一定的指向性，而英语知识也应该根据专业知识教学的需求，充分带动高职院校学生研究，并形成良好的专业英语能力。

另一方面，高职院校的英语学科改革与专业知识的改革是紧密结合的，也就是与时俱进的专业知识，往往与高职院校的英语学科改革都有互相促进的作用，正是因为语言作为一门技能才应该紧密地与专业知识相吻合，所以高职院校的英语教师要充分地考虑如何接触更多新的知识，也就是通过拓宽英语教师的专业知识面，把高职院校的学科建设作为一

个联动的载体，高职院校的教师要用系统化的思维整合专业技能与语言技能，为高职院校英语课程创造力的形成奠定良好的基础。

从上述两个方面可以看出，高职院校的英语教学改革应该与专业学科的建设相匹配，也就是专业知识的形成，应该考虑专业知识与英语专业技能之间形成一定的联系。高职院校的教学研究领导者必须要充分考虑高职院校英语教学与专业学科建设的紧密联系，把学科知识的全面与互动作用，作为高职院校英语教学改革的重点，也只有充分反映专业知识和高职英语课程，才能真正为学生的职业生涯发展形成良好的基础。这也意味着高职院校的教学研究是全面考量对原有生态文化的分析，高职英语课程的教学改革也应该对原有的中文生态文化进行思考，从而选择更适合高职院校学生学习英语的方式。

二、高职英语教学改革与专业建设契合的路径

高职院校在英语课程教学改革的过程中，要进一步强化英语课程与专业建设之间的联系，积极探索高职英语教学改革与专业建设之间的契合度，将从本质上转变高职英语课程教学不重视教学研究的现状，并且需要教师对行业内英语充分熟悉，通过多种不同的熟悉方式，让教师能够充分联系行业内的英语进行教学，促进高职英语教学改革的发展。

一方面高职院校的英语教师在教学改革的过程中，要充分地参与专业的学科知识，也就是通过拓宽知识面提高教师对于专业知识学习的关注度，把这些专业知识相关的英语课程知识内容传递到课堂上，让不同专业的学生都能够学到属于自身专业知识体系下的领域知识。教师要改革传统的备课与授课模式，特别是从内容的角度上，要保障日常课程的教学内容能够符合各个专业的实际需求，因此在教学模式上要进行充分的调查，再进行备课，而在师生互动等各个方面也应该进行强化，真正转变传统高职院校英语课程教学被动的局面，让教学的重心重新回归到学生群体。

另一方面，高职院校的教师要打破原有高职英语课程与其他专业课程的知识壁垒，充分地与专业课程的教师进行交流，了解学生的所思所想才能从真正意义上推动高职院校的英语课程教学改革。高职院校教师要充分考虑各个专业教学的主要情况，以激发学生兴趣为目标，充分鼓励高职院校的教师，通过多元化调查并探索形成一些新的教学模式，教师因材施教的方式也能体现在推动学生全面掌握英语知识的过程中。因此教师如何运用合适的方式提高自我是非常重要的，只有具备专业区分度的高职英语课程教学，才能够适应当前日益变化的新时代要求，高职院校的英语课程教学也应该充分考虑每个专业的知识特点，对于不足以代表特定专业知识的课程英语知识则应该适当减少，以针对学生职业生涯发展为主体，才有助于高职院校的全面发展。

高职院校的英语课程教学改革应该是面向学生的就业与未来发展的，因此高职院校的英语课程教学质量，将关系学生是否能掌握良好的第二语言工具，并且把英语应用到专业问题的排解与思考的过程中，这些都需要高职院校重视英语课程与本土语言之间的联系，

有效运用各种学校资源，帮助高职院校学生充分了解并掌握运用一些特定的技能，满足其职业生涯发展的需求。这也是高职院校快速发展过程中需要持续坚持的教学模式。因此高职院校的教学改革，特别是英语教学改革，要和专业建设紧密联系在一起，才能从本质上推动高职院校教学质量的发展。

第八节　基于文化软实力提升的高职英语教学

语言既是文化的一部分，也是文化的载体。"纯语言"或"轻文化重语言"的外语教学理念已经不能满足当今全球化趋势的需求。本节将在阐述文化软实力重要性的基础上，探讨我国高职英语教学中的母语文化缺失现象及原因，提出在高职英语教学中导入中国文化是实现跨文化交际的需求，并提出解决此问题的建议和策略，从而推进高职英语教学改革，达到提升高职学生文化软实力的目的。

随着中国综合国力的不断增强，国际影响力的不断扩大，尤其是"一带一路"倡议的不断推进，现今的中国与世界各国的互动及合作日益密切，而其中，作为一个必不可少的环节，语言沟通起着桥梁作用。在如此大背景下，高职院校在英语教学上应当比以往更注重学生跨文化意识的培养及跨文化能力的提高。而事实上，在高职英语教学中，教师确实意识到学生跨文化意识及能力的欠缺，并在课堂教学中或多或少地融入跨文化案例，但这些关乎跨文化的内容多以西方文化为主，中国文化的融入却很少。这种跨文化案例的嵌入确实能在一定程度上提高学生的跨文化意识，但无法提高自身的文化软实力，因为我们的高职英语教学忽略了中国文化的导入，学生对自己的本国文化了解甚少，更谈不上用英文去表达、去传播。高职英语教学如何改革，才能培养学生的文化软实力，是一个值得思考的问题。

一、理论基础

"软实力"（Soft power）一词的最早提出者是哈佛大学肯尼迪学院院长约瑟夫·奈，他认为，与硬实力（军事和经济实力这类有形力量）不同，"软实力包括意识形态、价值观念、社会制度、发展模式、民族凝聚力、文化吸引力、国际影响力等，其核心就在于价值观的表达"。通常而言，一个人或一个国家通常会通过三种方式实现自己的实力：威胁、利诱或吸引。吸引，就是所谓的软实力。"软实力是一种能力，它能通过吸引力而非威逼或利诱达到目的。这种吸引力来自一国的文化、政治价值观和外交政策。"2013 年，南京农业大学王银泉教授在《从国家战略高度审视我国外语教育的若干问题》一文中指出，"提高软实力应该是崛起中的中国的一个重中之重的课题，它应该随着中国硬实力增长的同时得到提高。就这个层面而言，我国的外语教育责无旁贷"。习近平总书记在《不忘初心，

《方得始终》中，提出坚持社会主义核心价值体系是发展中国特色社会主义的基本方略之一。在谈到如何坚持社会主义核心价值体系时，提出了"推动中华优秀传统文化创造性转化、创新性发展，继承革命文化，发展社会主义先进文化"的主张。进而谈到文化，其中一个关键词就是"文化自信"。习总书记对文化自信的强调，事实上也在政治理论高度呼吁社会各层次的教育教学应加大融入中国文化的力度，重视学生综合文化素养和跨文化交际能力的培养和提高。

二、高职英语教学中的中国文化缺失问题

笔者认为，当前我国高职英语教学中的中国文化教学存在严重缺失的现象。原因归结为以下几点：首先是纲领指导不完善。一直以来，高职英语教学以《高职高专教育英语课程教学基本要求》作为指导性文件，当中强调的是在英语教学过程中重视语言实际使用技能，即使用英语处理日常事务和涉外活动的能力；并未强调跨文化能力培养在语言教育过程中的重要地位和作用，对课程文化教学内容和要求的指导不够明确。其次是固有的教学理念得不到根本转变。目前，我国高职英语教学在很大程度上还停留在语言教学上，即便部分教师意识到了跨文化融入的重要性，也更多的是基于英语国家文化的介绍和传播，中国文化在高职英语课堂中的缺失情况较为严重。高职学生的学习能力欠佳，对文化理论知识接受普遍较弱，对中国传统文化知识的原始积累少，在这一代学生的成长过程中，中国传统文化已经在各种多元社会文化的充斥下渐渐显得暗淡。首先，学生对西方主流节日心生向往。其次，对中国的传统节日了解甚少。本身对事物就一知半解，加之英语应用能力水平普遍较低，更别提用英文表达传播中国文化的内涵及进行跨文化交流了。再次，中国文化知识在高职英语教学中的涉及面明显不足，高职学生对中国文化了解的机会也并不多。长久以来，为了让学生接触到更地道的英语，高职英语教材中的文章大多改编自英美原版素材，主要体现了英、美国家的文化和价值观，中国文化题材的篇章比例较小，这使得学生很少能接触到介绍中国文化的英语语料。这样看来，高职学生无法用英语去介绍和传播中国文化就不足为奇了。最后是教师素质，教师作为文化知识的传播者和传递者，在教育中起着举足轻重的作用，自身的业务素养和专业水平对学生的学习效果影响颇大。许多教师本身对中国文化并没有深入的探究，只停留在皮毛，无法驾驭用英语去表达中国传统文化，自信心不足，在课程上也容易出现避重就轻或直接忽略的做法。此外，由于缺少系统性和专业性的培训，教师对中国文化的讲解和教学多数也只能停留在概述的物质文化层面，而无法深入至文化的本质及内涵上来。

三、高职英语教学中学生文化软实力的提升

"一带一路"倡议作为一个复合型、多元化的发展战略，其本身蕴含着极其丰富的文

化内涵，并对当前我国高职英语教学中的跨文化交际创新具有重要的指导意义，同时也对高职英语教育提出了新的要求。在此背景下，基于目前高职学生文化软实力薄弱和高职英语教学中中国文化缺失严重等问题，笔者提供以下几方面的建议。

政策制度的重视。《高等职业教育英语课程教学基本要求（试行）》中提道："高职英语教学的目标是培养学生在职场环境中运用英语进行交流和沟通的基本能力，特别是听说能力，同时，提高学生的综合文化素养和跨文化交际能力。"在此基础上，结合服务"一带一路"倡议的原则，高职英语教学应从教学指导方针的高度，考虑重新修订教学大纲，把中国传统文化融入教学内容和教学要求中，加大中国文化的灌输，培养高职学生的综合文化素养，提高他们在跨文化交流中的文化软实力。

多种途径加大中国文化的课堂导入和应用。教材是教师组织课堂教学的主要素材，同时也对学生的英语学习具有一定的指导价值。因此，对高职英语教材的编写重新进行调整，与时俱进地加大中国文化的导入，这是其一。教材具有稳定性和滞后性，短时间内无法做出令人满意的改动。教师教和学生学都绝不能单纯依赖自己手上的教材，不能为教而教，亦不能为学而学。高职学生大多欠缺学习的主动性和探索性，因此，教师应该将教材的内容和教学计划加以整合，并且对中国文化内容进行适当补充。例如，传统节日、民风民俗、饮食文化、传统服饰等。在教学方法上，教师可以借助互联网进行线上线下相结合的混合式教学，在任务化或项目化教学中让学生了解中国文化，进而能做到拿中西文化进行或深或浅的比较。此外，大学阶段的英语教育应鼓励学生独立学习，自主实践。可以充分发挥学生的主观能动性，通过团队协作或小型竞赛等方式让学生完成与中国文化相关的英语任务，提高学生的参与感，从而不仅能调动他们课内课外的学习积极性，还能帮助他们构建自己的英语思维。以外语教学与研究出版社出版的《新生代英语基础教程2》第三单元为例，单元主题为"早餐"，渗透介绍的是西方饮食文化，那么教师可以从中西文化比较的角度，引导学生去横向对比回顾我国的饮食文化的有趣现象，从而进行学习语料内容上的拓展；或者让学生分组通过网络或书籍进行相关方面的资料搜寻，用幻灯片展示、角色扮演等形式，在班上做集中汇报展示，这样一来，学生在自己动手过程中既习得了英语语言又了解了中国文化。

教师自身跨文化素质的提高。"打铁还需自身硬"，自身的跨文化素质不过硬，是没有办法提高学生的文化软实力的。高校教师普遍"缺漏对跨文化交际能力的认识，缺乏跨文化交际能力的培训，缺少体验外国文化的机会，缺失跨文化交际知识结构，缺损跨文化交际教学新理念"。教师自身跨文化素质的提高，绝不局限在中英两种语言层面上的诠释互译，而在于更深层次的知晓、了解、内化及重塑表达。教师除了可以从定期参加跨文化培训班、听专家讲座、自己查阅典籍等方式中获得间接的跨文化经验外，还可以通过深入民间采风、出国体验等途径去了解不同国家和地区的民俗文化风情，这样可以累积直接的跨文化交流经验，进而提高自己的文化软实力及其跨文化素质。

　　学生文化软实力的提升不仅是思想政治教育课程的责任，它还应该贯穿在各个学科当中，作为一门跨文化的语言学科，高职英语更是责无旁贷。在高职英语的教学过程中，"提高学生的跨文化交际能力，提升学生的文化软实力"不应只是一句口号，教师任重而道远，应鼓励学生在了解和学习西方文化的同时，加强学生对中国文化的了解，两者并重，才能从真正意义上提高学生的跨文化能力和个人文化软实力。

第七章 基于信息化的高职英语教学改革路径研究

第一节 信息化环境下高职英语教学现状及应用

随着信息化脚步的不断加快，高职英语教学也焕发出了新的生机，在课堂教学中，对信息技术的运用也越发普遍，且其所独具的优势，不仅有利于快速达成教学目标，也利于提升学生的学习兴趣，以及其在英语课堂学习实践中的主动性，对高职学生掌握英语知识极为有利，进而为高职学生未来发展打好坚实基础。本节以信息化环境下高职英语教学现状分析为出发点，着重探讨信息化环境下高职英语教学应用。

在信息化环境下，各项资源的出现为高职英语教学的开展提供了很大帮助，因而高职英语教学质量也随之获得了提升。以现阶段高职英语教学情况来看，其中虽存在很多优势，但还是存在一定的不足，如学生易于沉迷其中，忽视知识学习。网络是把双刃剑，对于高职英语教师来说，应善于把控信息技术使用的"度"，帮助学生更好地运用信息技术，发挥出信息技术对学生学习的优势作用，最终使高职学生英语学习的综合能力获得提高。

一、信息化环境下高职英语教学现状

以信息化环境下高职英语教学现状来分析，其现状有利有弊，但就总体情况来看，还是利大于弊的，如素材更为丰富、资料整理更为便捷、易于提升学生兴趣。其弊端主要为学生易于沉迷其中，将信息技术视为娱乐的工具，而不是学习的工具，如此也会产生滞后的运用成效。详细分析信息化环境下高职英语教学现状，体现如下：

（一）素材更为丰富

在信息化环境中，所能够获取的素材是海量的，这些素材不但有利于丰富学生的知识储备，也有利于为教学提供便利。在以往高职英语教学中，对相关资源与素材的获取，通常是依靠书籍、教材等，很少借助信息技术去搜集相关教学素材，如此是会给高职英语教学的开展带来局限的，深层次高职英语教学也会受到阻碍。但以现如今高职英语教学状况

来看，上述现象显然已经不存在了，教师可随时借助信息技术落实对素材的搜集为课堂教学所用，在此背景下，高职英语课堂教学内容也变得更为丰富了。

（二）资料整理便捷

信息技术所具备的优势尤为明显，其中优势之一就是资料整理便捷，教师可利用信息技术，对相关资料予以快速整理，同时这种方式，也能够在很大程度上保护资料，不会像纸质资料那样易于损坏。再者，信息技术还能够实现对资料的实时整理，且不受时间、空间等的限制，进而使高职英语教学工作的开展也能够变得更为快速、便捷，使高职学生的英语学习水平也能够获得较好的提高。上述也为信息化环境下，高职英语教学的又一优势。

（三）学生兴趣易于提升

众所周知，兴趣为学习之路上的一项关键推动力，有了兴趣，才能使学生在学习路上孜孜不倦，努力去探索相关知识。以现阶段情况来看，在信息化环境下，高职学生的学习兴趣也普遍得到了提高，在英语课堂中主动性获得提升，更好地投身于英语课堂的学习之中，深入理解英语知识，如此学生的英语学习能力也得到了提高，可见，如今对信息技术的运用已经势在必行了。

（四）易于沉迷其中

在信息化环境下，虽说运用信息技术的益处多多，但也是存在弊端的，如学生易于沉迷其中。网络是把双刃剑，其中不仅有海量的学习资源，也存在不少诱惑因素，对于一些自制力较弱的学生而言，面对这些诱惑，很难控制自身，全心专注于学习。因而在网络环境中，接触一些消极事情，如沉迷网络游戏等，会给高职学生英语学习带来不良影响，不但高职英语教学质量难以得到提高，学生的英语学习能力也会逐步退步，最终导致的影响是难以精准衡量的。

二、信息化环境下高职英语教学应用探析

以信息化环境下高职英语教学应用来说，主要可通过建立信息化学习平台、创造信息化学习环境、强化教师信息化培训以及实施网络辅导与指导等方面来实施，以发挥出信息技术的优势作用，激发学生的英语学习兴趣，调动学生在英语课堂中的学习热情与学习积极性，使高职英语课堂教学效率能够得到切实提高。信息化环境下高职英语教学应用探析，详细内容体现如下：

（一）建立信息化学习平台

建立信息化学习平台，不但能够使学生自主学习英语知识，也能够开阔学生的学习视野，学习到更多教材中不具备的英语知识，进而提升学生对英语学习的兴趣，对提升高职学生英语学习水平尤为有利。所以，在信息化环境下的高职英语教学中，教

师可积极为学生建立信息化学习平台，引导学生参与至该平台中，深层次学习英语知识，不断在信息化平台学习中获得突破与进步，并自主去挖掘英语知识的深层次内涵，强化学生理解英语知识的能力，使学生能够在此平台的帮助下，取得英语学习成绩的进步。

对于高职英语教师来说，应善于借助信息技术，将诸多学习资料与素材加入信息化学习平台之中，以便于学生寻找英语素材与资料，帮助学生更好地学习英语知识。此外，教师也可将一些习题、仿真模拟题以及听力稿等加入其中，让学生能够在该学习平台中，自主去进行习题训练，以期在训练过程中，使学生的英语学习基础变扎实，英语学习能力得到提升。

除上述外，教师也可将一些国外风土人情融入其中，让学生也能够了解国外的风土民情，抑或生活习惯等，使学生的学习视野得到开阔，在英语学习中的主动性得到提升，且通过这种方式，也有助于高职学生增长知识，强化学生记忆英语知识的水平，从而推动高职学生获得英语学习水平的快速提升。

（二）创造信息化学习环境

学习环境的优良与否，对学生学习成效的影响是非常大的，好的学习环境，能够增强学生内心的愉悦感，进而能够在学习中感到快乐。而沉闷的学习环境，就会让学生感到英语学习的枯燥乏味，进而产生对英语学习的排斥心理。可见，环境对学生学习的影响是不可小觑的。所以，对于高职英语教师来说，应善于为学生创造良好的学习环境，更好地提升学生在英语学习中的积极性，使学生都能够切实参与到教师所创造的学习环境中，并在此环境中，和同学共同探讨与分析英语知识，形成互帮互助的学习氛围，从而使高职学生能够在这种环境中获得更多有益的知识。

对此，在信息化环境下，教师可为学生创造信息化学习环境，吸引学生参与其中，切实探究英语知识。教师可借助信息技术，将英语知识以直观、生动的形式放映出来，带领学生在课堂上进行观看，让学生在观看的过程中，落实对英语知识的初步认识，而后针对这些认识，引导学生进行探讨，如此势必能够强化学生对英语知识的理解，加深学生对英语知识的记忆，提高学生运用英语知识的能力，使高职学生能够在英语课堂的学习中取得显著进步。

例如，在学习"Introducincl People to Each Other"时，教师就应为学生创造信息化学习环境，将本节课学习内容，以生动、直观的形式展现给学生看，以增强学生的感官体验，激发学生的英语学习兴趣，让学生在英语课堂学习中感到愉悦，如此学生才能更为积极地学习英语知识，进而使学生的英语学习水平能够有所提高。

（三）强化教师信息化培训

在信息化环境下，要求教师掌握较高的信息技能，能够善于运用信息技术，这样才有利于信息技术作用的发挥。试想，若教师自身都难以良好地运用信息技术，又如何运用这项技术落实对学生的教育呢？所以，对现阶段高职英语教学来说，也应重视强化对教师的信息化培训，强化教师运用信息技术的能力，确保教师能够游刃有余地运用信息技术来辅助教学，并善于借助该项技术，来激发学生的学习兴趣，使高职英语教学能够焕然一新，更好地完成教学计划。

针对此，一方面应先了解教学过程中教师运用信息技术的实际情况，并据此来进行有效的培训，特别是要根据教师运用信息技术所出现的普遍问题来实施培训，以保障培训的有效性，进而凸显出培训成效。另一方面也可开展评比活动，让教师之间对自身学习成果进行评比，这样不但有利于激发教师的参与热情，也有利于更好、更快速地提升教师的信息技术水平，使教师能够在教学实践中，对信息技术予以科学运用，从而使该项技术的优势作用能够在高职英语课堂教学中获得淋漓尽致的发挥。

（四）实施网络辅导与指导

在信息化环境下的高职英语教学中，也能够实施网络辅导与指导。在传统高职英语教学中，都是以课堂授课的形式来进行的，学生只能坐在座位上，去倾听教师讲述英语知识，这种教学方式有优点，但也存在不足，如课堂变通性与灵活性较低，对相关资源与素材的寻找也较为缓慢。所以，针对上述情况，在现阶段高职英语教学期间，教师应善于运用信息技术，来实施辅导与指导，在实际学习中，学生若遇到难题，可及时借助信息技术，寻求教师的帮助，以实现对难题的快速解决。再者，教师也可划分几个网络小组，让学生以小组的形式，在网络环境中共同探究英语知识，这种方式不但有利于切实激发高职学生对英语学习的热情，也能够使高职学生的探究能力以及思考能力等获得提升，对高职学生长远发展十分有利。

例如，在学习"Getting and Giving Information About People"时，教师就可借助信息技术，实施网络辅导与指导，使高职学生即使坐在家里，也能够学习英语知识，及时解决自身在英语学习中遇到的疑惑。

总而言之，在信息化环境下的高职英语教学，应重视运用相关信息技术，来激发学生兴趣，提升学生在高职英语课堂中的参与度，使高职学生英语学习能力能够取得进步与飞跃，最终彰显出信息技术的重要价值，进而实现高职教育更为长远的发展。

第二节　新媒体时代高职英语信息化教学的应用

新媒体拓宽了学生的知识面，同时也冲击了传统的高职英语教学。在这种情况下，信息化教学对保障高职英语教学效果有重要作用。本节将首先分析了新媒体时代信息化教学在高职英语教学中的预期作用，然后分析高职英语信息化教学中存在的问题，最后针对相关问题提出解决策略和创新思路。

一、信息化教学在高职英语教学中的预期作用

（一）激发学生学习兴趣

新媒体时代，学生都有智能手机，学生每天都沉浸在丰富多彩的信息当中。高职学生的自主学习意识相对较弱，在这种情况下如果英语教学枯燥呆板则很难引起学生的学习兴趣。任何学习都是兴趣先行，所以新媒体时代高职英语要充分利用信息化手段来组织教学，提高学生的学习兴趣。高职学生相对重视职业相关的专业课程，对文化课重视程度低，尤其不重视外语。信息化教学应用于高职英语教学中，增加教学多媒体元素，可以激发学生的学习兴趣。

（二）引导学生自主学习

新媒体时代，琳琅满目的信息既影响了学生对信息的判断，又为学生提供了必要的学习资源。高职英语教学中使用信息化教学手段，可以在教学内容和教学形式上与新媒体领域的英语教学接轨，从而起到英语课堂引燃学生学习热情、引导学生自主寻找学习资源的作用。信息化应用于高职英语教学，可以将多媒体英语资源介绍给学生，引导学生自主学习。

（三）辅助扩充教学容量

高职英语课时相对较少，在有限的时间内要尽可能扩充教学容量。然而，在黑板上罗列大量教学内容的结果是师生都很累，并且无法取得预期的学习效果。信息化应用于高职英语教学，可以通过图片、文字、视频、音频等多种手段来丰富教学内容。例如，在讲解短语"let it be"（顺其自然）的时候，可以播放电影《冰雪奇缘》的片段，可以播放主题曲。这时"let it go"会重复出现，学生一定会记得"let it go"。然后，教师再趁热打铁讲解，let 后面用动词原形，"go""be"都是动词原形。这样，不仅教会了一个短语，还教会了动词 let 的用法，还让学生知晓了《冰雪奇缘》这个英文电影。所以，信息化应用于英语教学可以扩充课堂教学容量。

（四）多元教学殊途同归

传统教学理念下，英语教师会让学生死记硬背英语单词、词组和语法，这种教学方法效果差强人意。生本教学理念下，学生的主体作用凸显，如何按照学生可以接受的方式来开展教学活动变得非常重要。高职学生的生源是未能考上高中，或者高中成绩不理想的学生。这些学生的特点是对常规的文化课教学接纳和吸收程度不佳。信息化应用于英语教学，可以充分利用互联网资源，可以让学生师从百家。同一个知识点，不同的教师有不同的教学方法。教育学表明，同一个知识点在不同的场景出现 7 次，一般情况下都可以记住。所以，信息化手段应用于高职英语课堂，可以用多种方式来讲述同一个知识点，满足不同学生的需要。同时重复可以加深记忆，也可以提高教学效率。

（五）与时俱进课后延伸

新媒体时代微课已经成为课后学习的常见方法。高职英语向课后延伸是非常有必要的，既能增加隐性英语教学课时，又能敦促学生课后复习记忆。高职英语课后作业的完成情况不太理想，高职英语采用纸媒作业或者线上作业都比较乏味，充分利用信息化技术，可以让作业变得多样化。课后作业的主要目的是巩固或者复习，微课等形式的信息化作业方式，能够提高学生的作业完成率。

二、高职英语信息化教学中存在的问题

第一，学生的学习惰性难以改变。高职学生文化课学习惰性一直比较强，新媒体时代，大量的信息充斥头脑，学生的记忆力和思考力普遍下滑，英语学习的惰性进一步增加。第二，教师缺乏教学热情。高职英语教师对教学缺乏热情，一方面英语不是高职的专业课，另一方面学生不好好学习的状态，也让教师提不起教学兴趣。第三，教师的信息化技术水平有待提高。信息化应用于高职英语教学可以大幅度改善教学效果，但是部分教师的信息技术应用能力比较弱，这就影响了信息技术在高职院校的推广。中老年教师由于已经形成了自己的教学风格，不愿意接受新事物，计算机底子也比较弱，所以无法利用信息化的优势来服务于英语教学。青年教师则由于缺乏教学经验，对学情分析不足，尚未能实现应用信息技术来大幅度提高英语教学效果。第四，学校信息化教学设施有待提高。高职院校对学生的专业课倾注较多的财力，涉及学生职业能力培养的实训场地非常好，关于学生文化课学习的硬件设施则还有很大的优化空间。文化课教室基本实现了多媒体覆盖，但是信息技术水平相对较低，尚未实现教室网络与校园门户链接，校园学习网络的资源也不够充实。

三、高职英语信息化教学的应用策略和创新点

（一）加强学校信息化教学硬件设施

信息技术应用于高职英语教学，学校信息化教学的硬件是关键。第一，未实现信息技术覆盖课堂的要尽快实现全面覆盖，已经实现全覆盖的要进行升级更新。第二，教师的办公室要提供必要的计算机和互联网，以及相应的数字图书馆中的教学资源。第三，学校信息化资源要有移动客户端，或者可以在微信上登录使用。总之，力求教师和学生可以在家享受学校的网上教学资源。

（二）改进教学评价，培训教师信息技术能力

信息技术应用于高职英语效果不理想，是因为英语教师践行不足，归根到底是教学评价未对教师起到驱动作用。学校组织培训以提升教师的信息技术能力，教师可以灵活运用互联网上的资源，并将其整合成自己上课的辅助素材。总之，教师的核心能力决定了信息化教学水平。

（三）创新公开课以优化教学模式

新媒体时代，教育必须与时俱进。第一，创新公开课可以将高职英语教师的信息技术化水平公开，在比较中找到差异，在缩短差异中成长。高职英语公开课，既是英语学习的殿堂，也是信息技术能力的表演秀。第二，新媒体时代，学生和教师都在用自媒体，教师可以将自己的公开课放到个人主页上，通过比较教师的粉丝数量，可以看到学生对教师英语教学的满意度和认可度，可以促进教师自我成长和改进，设计出更好的英语教学活动，更好地服务于高职英语教学。总之，要充分利用信息化来提高教学品质，利用新媒体的宣传力和影响力驱使教师创新教学活动。

（四）创新各类比赛以激发学生兴趣

利用信息技术资源来开展各类英语技能比赛，在比赛中反思英语教学成果。将各类比赛在新媒体上发布，增加比赛冠军的荣誉感和知名度。充分利用新媒体的迅速传播作用和强大影响力，感染其他班级和学校开展类似活动。校内和校际的比赛频率增加，驱动教师提高教学质量，激发学生的好胜心和荣誉感，进而更好地学习。比如，组织职业英语技能大赛，这是对学生职业能力和英语能力的双重考核。让学生的职业英语综合运用能力得到提升，需要在日常教学中充分利用信息技术实现课堂内外的连接，利用新媒体的影响力将英语课堂延伸到学生的自媒体终端。再如，学生睁开眼刷一下微博，就收到教师推送的英语美文，而这篇美文就是一次课堂的学习内容。总之，英语教学要充分借助信息技术载体，让高职英语课堂焕然一新。

综上所述，高职英语教学运用信息化手段是新媒体环境下的必由之路。随着新媒体的发展，学生的社会背景知识增加，思想更加丰富，如果教师还使用传统的教学素材，会常常碰到学生的挑战。因此，高职英语教师需要提升自己的信息化应用能力，丰富自己的教学内容，改进教学模式，切实践行生本教学理念，实现课上教学与互联网资源接轨，让高职学生将英语掌握得通透，运用得灵活，能够有效辅助学生未来的职业发展。

第三节　高职英语课堂中信息化教学手段的应用

英语是高职教育的重要组成部分，但是高职院校学生英语水平参差不齐，在英语方面的教育资源也较为匮乏，因此利用信息化教育手段提升高职院校的英语课堂教学水平则势在必行。信息化教育手段多种多样，本节研究和分析高职英语教学问题现状并提出解决方法，以期为高职英语教育水平提升提供指导。

随着科技的发展和新技术的普及应用，信息化教学在越来越多的学校得到了普及应用，信息化教学手段成了提高教学质量的新方法，它使得教学内容更加多样，教学方式更具有个性化，对于提高我国高职教学的教育水平发挥了重要作用。

信息化教学是将新时代出现的信息技术应用到教育当中，使得教育资源质量得到提升，教育发展水平得到提高，从而使学生具备更加优秀的教育信息化素养，加速教育现代化发展进程。而信息化教学手段就是将多媒体技术、互联网技术、计算机技术和软件开发应用技术融入教学过程中，改变传统教学方式的面貌，进而增强学生的学习兴趣，降低学生的学习难度，提升学生的学习效率，使得教育具备更强的效果。

一、高职英语课堂教学方式的现状和问题

我国的教育事业在党和国家的领导下经过几十年日新月异的发展，已经可以使有接受教育意愿的学生得到所需的教育，优秀的高职类学校也遍地开花，所以接受高职教育的学生也越来越多。但是伴随扩招而来的就是学生平均质量水平的下降，这使得高职教育需要考量学生水平较差的现实状况，教师需要针对这种状况利用更加优质和高效的方法设计教学手段。目前很多高职院校都在教室安装了多媒体教学设备，通过投影和音响设备可以进行视听说一体化教学，教师也可以通过多媒体设备展示与教材配合使用，进行多媒体课件教学。这些虽然是信息化教学的方式，但是信息化教学还有更多的方法可以采用，还有更好的效果可以实现，我们应该深入开发信息化教学手段，使技术为教育服务，提高高职英语的教育水平。

（一）高职院校学生平均学习水平较低

高职院校的定位就是为学习水平较低的学生提供教育资源，其生源组成的一部分为接受过九年义务教育并进入高中学习过的学生，这部分学生的英语水平较高，其具备一定水平的英语基础；还有一部分生源则是来自中专、技校和职业高中毕业的学生，这部分学生则由于个人学习能力与学校教学水平的限制往往不具备完整的英语基础。由于我国的本科院校逐年扩招，更多的学生进入本科院校进行学习，使得高职院校的生源平均水平进一步恶化。因此高职院校学生水平参差不齐的状况对高职英语教学手段有较高要求。

（二）教师资源配置存在问题

由于高职院校响应国家号召不断进行扩招，从事英语教学的教师资源比较匮乏，教师数量又难以得到有效的补充，使得高职院校英语教师工作压力较大，这又导致任课教师的流失率提高，造成学校在师资力量上难以形成良好的体系。同时，教师队伍对学习新的教育模式、研究新的教学方法的能力较差，此外高职院校也缺乏科学合理的教师考核制度，造成高职院校的教师资源处于配置不均衡且发展缓慢的状态，并且高职院校的教师管理制度的落后进一步造成了教学质量不理想的情况。

（三）信息化教学设施不够先进

我国为了扩大高职院校规模并提升学生的升学率，将一些中专和技校等实际教学能力较差的院校破格提升为高职院校，但是由于这些学校积弱成疾，不仅仅是师资力量，其英

语教学设备也非常落后，这些院校往往缺乏政府的财政支持，又难以依靠成规模的生源获取经济资源，导致其难以配备信息化、多媒体的教学设备。此外，学校的自我定位较低，导致其缺乏相应的社会责任感，缺乏主动进行英语教学手段创新的动力，更加使得信息化教学手段难以在这类学校得到有效的推广。即使部分学校配备了良好的信息化教学设备，但是又缺乏专业的人员进行开发使用与维护，导致这些来之不易的先进设备不能够物尽其用，没有充分发挥信息化教学手段的作用，限制了英语教学水平和成绩的提升。

二、高职英语课堂中的信息化教学手段

信息化教学手段可以调动学生更多的感官参与到学习中来，是提高教学效率的重要方法，信息化是可以预见的将来高职英语教学必然采用的方式，任何高职院校都需要加大对信息化教学的投入。一方面，要为高职英语教育信息化转变提供设备和软硬件的支持，建设完善的信息共享和交流平台，使教师可以通过平台与学生进行在线课堂教育、在线作业布置以及在线交流沟通等，为学生提供信息化学习渠道；另一方面，提高学校管理质量，建立良好的教师考核制度，鼓励创新，提高师资水平。

（一）建立学习交流平台

高职院校的老师可以开发学校现有的资源条件，建立一个信息化学习交流平台，利用这个平台，老师和学生能够共享学习资料、交流学习难点、交流困难解决方法。由于课堂时间有限，一般教学会针对大多数学生所需进行教学，从而缺乏对少部分学生的个性化教学，交流平台就可以作为课堂的补充，学生的问题和需求可以在平台上与老师和同学进行交流，老师也可以在平台上解决学生的疑问，也能够通过学生提出问题的情况了解学生的学习现状和需求，从而设计更加精准的课堂教学内容。长期使用平台交流更可以循序渐进地建立一个与本校情况符合度很高的资料库。学生可以通过平台获取视频、音频、图文等不同类型的学习资料，老师可以通过平台向学生展现丰富多彩的课外内容激发学生的兴趣，从而使学生产生学习英语的动力，提高学习效率。

（二）教师使用信息化手段进行备课

高职院校学生的学习能力和学习水平不尽相同，这就要求教师需要根据班级中不同学生类型设计多种讲解方法。教师在进行备课时，可以通过互联网查找不同的英语教学资料，充实自己的课件内容，进而根据学生需求选择适合的讲课方法。由此，可以利用信息化手段充实教学方法，提高教学内容的丰富程度，改善教学效果。

（三）通过网络学习提高学习质量

信息化教学手段为学生提供了更加丰富的学习渠道，教师可以鼓励学生把网络学习作为课堂学习的补充手段，将自学和教学的优势进行互补。教师能够通过信息化平台为学生提供学习内容和学习目标，学生还可以获取学习的难点和重点，学生可以在开放的互联网

上提前获取相关的学习资料，先于课堂教学进行预习，提前对需要学习的内容进行相当程度的了解，发现自己不能理解的部分，从而在课堂学习中更有针对性，取得更好的学习效果。

在新时代，新技术也日新月异，教育不能故步自封，高职英语教师需要跟随时代发展和时代进步革新自己的教学方法和教学手段，提高自己的教学能力。高职院校要明确自身的现状并努力做出改变，大力进行信息化建设，为学生和教师建立信息化英语学习平台，促进信息化教学手段的普及。在高职英语课堂使用信息化教学手段不仅可以提高教学质量，提高学生的综合英语表达能力，使英语成为一种可以使用的技能，还可以提升高职院校教学改革的速率，促进我国高职院校的发展。

第四节　信息化环境下高职英语微课教学的应用

随着全球科学技术的迅猛发展，教育信息化水平也在不断提高，并深刻影响着教育教学模式与方法，这也为高职英语信息化教学改革与探索开辟了一条新路径。在信息化教学背景下，高职英语教学引入微课教学有着重大意义。本节从信息化教学手段中的微课出发，对微课在高职院校英语教学中的适用性进行分析，提出微课在高职英语教学中的实际运用。

在互联网高速发展的信息化时代，教育领域也在受其影响发生着变革。在众多信息化教育资源中，微课以其"开放、共享"的教育理念在全球逐步兴起。它打破了受时间及空间限制的传统教学模式，迎合时代需求，满足大众的学习习惯，使学习便捷化、高效化、移动化、碎片化，成了信息化时代高校学生学习课程的新模式。高等职业院校作为我国高等教育的重要组成部分，需要以在线课程教育平台为基础，将优质的共享教育资源引入校园，引进课堂。因此，微课应用于高职院校英语教学，顺应了信息化时代变化的发展以及教师教学模式、学生学习模式的转变，激发了学生学习的主动性和积极性，提高了学习效果。

一、信息化教学与微课

信息化教学是教育者和学习者在充分借助现代教育媒体、教育信息资源和方法的基础上进行的双边活动，是信息化教育的主体和核心。它体现了"以学生为本"的现代教育教学理念，强调了学生在教育教学活动中的主体地位，强调了由知识的掌握与技能的操作训练向学生主动构建的转变，强调了学生学习的积极性、创造性，强调了师生间互动交流的有效性、主动性，进而实现了由传统的被动接受式学习向自主合作探究式学习转变。

微课，或称其为微课程(Micro-Lecture)、微型课程(Micro-Lessen)，指以教学视频作为主要载体，以 PPT 软件作为主要技术支撑，记录教师围绕某个知识点或教学环节开展的简短、完整的教学活动。其核心内容是课堂教学视频，此外还包含与之相关的教学设计、教学反思、练习测试、学生反馈、教师点评等辅助性教学资源。微课作为一种信息化教学手段，以"短小精悍"的特征改变了传统单一资源型教学，实现了对传统教学的继承与创新，极大改善了课堂教学环境。

二、微课在高职英语教学中的适用性分析

（一）高职英语信息化教学现状

高职英语信息化教学是顺应高职院校教育教学改革的大势所趋，是面向信息化社会培养出技术技能型人才的最有效途径之一。高职院校的英语教师也充分顺应信息化技术发展趋势，利用现代信息技术手段整合开发教育教学资源，通过实行信息化电子备课方式、学生网络自主学习、网络自主学习与面授教学相结合等方式，发挥信息技术的优势，促进信息化与高职英语教学的融合。以就业为导向，培养学生实际英语应用及交流沟通的综合能力，进而满足市场需求是高职英语教学的重要目标。而高职院校的学生英语基础知识较为薄弱，课堂学习效率不高，导致缺乏英语学习的主动性和积极性，失去对英语学习的兴趣，使得他们难以运用英语在真实语言情境下进行交流。而信息化教学手段在基于学生学习水平及需求的基础上，改变传统的灌输式教学手段及枯燥的语言学习环境，使教师的教学方式更加灵活生动，教学设计更加充实丰富，促进了学生潜能智力的发展，激发了学生的学习兴趣及参与热情，充分发挥了学生的自主学习能力，提升了英语实际运用能力，使教师的教与学生的学之间的关联效率得到进一步激发和开拓，从而改善了课堂教学环境，提高了高职英语教学质量。

然而，高职院校的教师虽大都具备一定的信息化意识及敏感性，但也存在着信息知识掌握不足、信息软件实际操作熟练度上显得略为力不从心等问题。

（二）微课在高职英语教学中的优势

1.转变传统教学方式，提升教学质量

传统的英语教学是以教师为主导，忽略了学生的定式思维及学习习惯，加上高职学生英语基础知识较为薄弱，所以很容易在英语学习中产生抵触情绪，甚至厌学。微课教学作为一种创新的教育模式，在提升教师课堂教学水平、促进教师专业成长的同时，也打破了传统意义上的教学方式，改变了以教师为中心的教学模式。在微课教学中，教师通过视频、音频、动画等方式配合讲解、进行知识点的归纳与总结，与运用PPT、板书等单一教学呈现方式相比，基于信息化手段的微课视频更加直接、生动、具体、形象，便于学生对知识的梳理、理解和掌握。

2.丰富学生学习方式，提升学习效果

对于微课视频，学生不仅仅局限于课上学习，课前或课后学生也可以观看。其为学生提供了更加灵活自主的学习模式及平台，多元化、开放性、互动性、自主性等特点符合高职教育的理念，利于高职学生接受。课前观看，以任务为导向，自主探究学习，有利于学生将学习与思考结合起来。同时也能增强学生信息搜索、知识获取、解决与分析问题的能

力。课后观看，有利于学生查漏补缺、复习巩固、拓展知识面，同时提高学生乐于探究、创造想象、探索知识的综合能力。

3. 促进师生角色转变，提高课堂参与度

学生课前自主学习微课视频效果的好坏，可以直接影响学生对于课堂教学重点的强化、教学难点的突破，影响"知识内化"过程能否有效实施。课前，学生根据自身实际学习能力、水平等情况，自主选择时间、空间，掌握和调整学习内容的步调和进度。课上，带着问题主动参与到教学过程中来，与教师、同学积极进行互动，在讨论与合作学习中解决困惑，拓展新知识，使教学达到事半功倍的效果。提升了学生自主学习能力、合作探究能力以及个性化学习发展。

三、微课在高职英语教学中的应用

（一）微课的应用模式

在高职的英语教学中，应注重教学的启发性与实用性，以提高学生在职场中的英语应用能力及水平作为教学目的。因此对于高职英语教学来说，为了更好地提升学生的职业素养及职业能力，应调动学生上课的积极性，激发学生的学习热情，使学生系统、牢固地掌握所学知识。微课在高职英语教学中有着多种用途，复习旧知、讲解新知以及解答学生存在的疑问等。微课既可以用于辅助重要知识点的讲解，也可以作为课前预习、课后复习的学习资料。

为更好地阐释微课在高职英语教学中的实际应用，本节以《新思路英语》第一册"Unit7 At the Hotel 中 Speaking Part：Check-in at the hotel"为例。

1. 课前准备

教师提前一周将网络教学微课视频发至班级网络教学平台，学生自行下载该预习学习视频，并完成相应的任务。视频是模拟真实情景拍摄的酒店登记入住视频，包括看、学、说三部分学习任务。首先，看。学生可根据自身学习情况自主观看学习视频，了解酒店登记入住的基本流程，在看中学。其次，学。学生观看视频后将酒店登记入住常用句型中的重点词汇补充完整，在学中学。最后，说。学生进行语音语调操作练习的模仿，在说中学。学生在课前自主完成简短的酒店登记入住微课视频学习，使学生了解课上学习重点，刺激探究心理，顺利完成知识传递的任务。

2. 课上讲练

课前的微课视频自主学习已经为学生课上的学习提供了词汇积累以及句型储备。但学生在自主学习过程中也存在不理解的问题，教师需要及时追踪学生在线自测学习情况，并根据反馈回来的问题在课上进行讲解。因此，课上教师为学生播放一段关于酒店登记入住步骤及常用句型的微课视频，进一步梳理、总结本节课的重要知识点。学生在观看视频前，教师在 PPT 上呈现两个问题：(1)What's the procedure for check-in at the hotel?(2)Could you sum up the common patterns of hotel registration? 让学生带着问题观看微课视频，边看边思考，并在教师的引领下共同总结酒店登记入住的"六步法"，即 Greetings，Reservation，Confirmation，Registration form，Payment，Deliver room key。

（二）微课制作需要注意的问题

精选教学内容，突出教学重难点。微课不同于正常的课堂教学，需要在有限的时间内完成教学任务，因此所选教学内容一定要小而精，突出教学重点，强化教学难点，切忌面面俱到，这样教学效果才会更好。

教学主题鲜明，采用多模态教学模式。因为微课的教学时间有限，因此教师需要在最短的时间内巧妙设计导入环节，使教学主题鲜明，一目了然。教师要顺应和把握微课的特点，采用多模态的教学模式，这样教学手段会更加丰富，教学内容会更加有趣，教学会更具吸引力。

循序渐进，增强条理性与逻辑性。尽管微课时间有限，但教师在制作微课时所运用的教学手段及教学资源一定要跟教学内容紧密相扣，内容的讲解也要循序渐进，彼此之间具备条理性和关联性，这样学生才能清晰地抓住教学内容的主线及教学重点。

高职英语教学通过引入网络化教学平台、多媒体、云技术等信息化教学手段，采用微课教学的新模式、新思维，不仅为教师提供了丰富多样的教学手段，也为学生学习提供了一个更加开放的平台，显著提高了高职英语教学的有效性，激发了学生的求知欲，培养了学生自主发现问题、分析问题、解决问题的探究能力，提高了教与学的互动性、实效性。

而就目前在教学中的实际运用来看，微课仍然处于一个需要不断发展、探索、研究的阶段，如何在高职英语教学中合理使用微课以取得最佳的学习效果仍需更多的英语教育工作者在实际教学中不断实践、摸索、总结与创新。高职英语教师更加需要革新教育理念，认真探讨微课，合理利用微课资源，使其更加符合我国高职教育的实际情况及特点，对教学改革进行及时调整与创新，真正将微课运用于高职英语教学中，促进高职英语教学的发展。

第五节　信息化教学手段在高职英语教学中的应用

据相关研究报道，以往在高职英语教学中，教师通常作为课堂的主导者，而学生则是被动地跟着教师的教学步伐，接受教师传授的知识。在这种情况下，不仅无法达到预期的教学效果，而且难以促进学生英语学习能力的提升。如何应用有效的教学方式，为学生打造高效的教学课堂是每位高职英语教师均需解决的难题。随着近些年信息技术的日趋发展与成熟，各大院校的英语教学也开始借助信息化教学手段，为学生营造浓厚的学习氛围，帮助学生降低学习英语的难度。鉴于此，本节将探讨信息化教学手段在高职英语教学中的应用措施，望与广大同行一同交流。

信息化教学手段是教师在理论指导的基础上，广泛应用现代信息技术向学生传授知识的一种新型教学模式。近些年来新课程的深化与改革，信息化教学手段已逐渐取代传统教学法在各学科中的地位，成为主要的教学方式。因此，在英语教学过程中，教师可指导学生应用现代信息技术独立搜集或整合大量信息，促使学生全身心参与到课堂学习中，再加上教师的详细讲解，有助于为师生之间搭建沟通的桥梁，并强化学生在课堂中的主体地位，真正达到提高教学质量与学习效率的目的。

一、在高职英语教学中应用信息化教学手段的必要性

（一）可创设相应的教学情境

在传统教学中，教师仅是通过板书为学生讲解教材内容，同时教材内容相对枯燥乏味，学生在课堂中易发散注意力，导致最后跟不上教师的教学进度。笔者经长期调查后结果显示：87% 的学生认为传统英语课如同记单词课，并且课程内容在理解上具有一定难度；50% 的学生明确表示不喜欢英语课，而 23% 的学生表示对英语课毫无兴趣，同时认为英语课可有可无。由此可见，应用创新的教学模式进行教学迫在眉睫。在信息化教学中，教师可应用多媒体和智能设备，将教材内容通过视频、音乐与图片等方式向学生展示，这种方式不仅调动了学生的听觉与视觉，而且为学生创设了教学情境，增加了课堂的趣味性，让学生对教材内容有个直观的感受，降低干扰学生学习的诸多因素。

（二）帮助学生发挥主观能动性

在传统教学中，教师通常是作为课堂的主导者，控制着课程的进度，同时学生也对教师有着强烈的依赖心理，遇到难题的时候通常会先寻求教师的帮助，这种情况不利于学生形成独立学习的意识，而且被动学习易使学生丧失学习英语的热情。因此，应用信息化教学手段进行教学，有利于摆正学生的学习地位，而教师仅负责指导学生对知识进行探索，帮助学生获取知识，认识到自主学习的重要性，进而养成自主学习的习惯。

（三）改变传统课堂沉闷的现状

在传统教育的长期影响下，教师习惯应用固定教学大纲向学生传授知识，而学生则是被动地接受知识，长此以往学生必然会感到乏味，在课堂上不愿听课或是不愿与教师进行互动，整个课堂过于沉闷，甚至抑制学生综合能力的发展。应用信息化手段教学，不仅是激发学生学习热情的关键，而且是改变课堂气氛的重要手段。因此，教师应大力应用信息化教学手段，为学生构建高效的英语课堂。

二、在高职英语教学中信息化教学的主要措施

（一）巧设故事情境，激发学生学习热情

心理学家表明，故事在高职学生中一样具有吸引力，若是在课堂中适当穿插有趣的故

事，可活跃课堂气氛，为教师引出当堂课的教学内容创造良好条件。譬如，教材内容 Life Online 在阅读部分主要阐述网络的利与弊，因为高职阶段的学生对于事物已具备较高的分辨能力，对于网络的利弊也有一定的认识。若是教师直接向学生讲解该单元内容，不仅会让学生产生抗拒的心理，而且大部分学生会忽视这一内容，因此教师可针对教材内容设计一个小故事：小明原先是一个沉迷于网络游戏的学生，因为沉迷游戏导致多门功课挂红灯，后来经过教师与父母的劝导，他逐渐认识到网络给自己学习带来的影响，他决心合理使用网络，不再让网络影响自己的学业。在课堂上，教师可以向学生讲述这一故事，并且针对故事内容布置相应的任务，如在小明因沉迷网络游戏导致功课挂红灯时，可让学生着重分析网络的弊端；在教师与父母对小明进行劝导的时候可让学生思考教师与父母会用何种方式劝说小明，并让学生提出合理应用网络的小建议，或是让几个学生分别扮演教师、父母与小明的角色，让学生全身心地进入学习状态；最后，到小明决心合理使用网络这一情节时，教师指导学生说出网络给人们生活带来的便利与好处，最终总结合理应用网络的建议。通过这种方式，既让学生真正参与到学习过程中，了解网络是把双刃剑，需要我们合理使用，切勿过度应用，也可对沉迷网络游戏的同学起到引导作用，帮助其改掉沉迷游戏的坏习惯。

（二）巧设模拟情境，引起学生学习兴趣

模拟情境即教师依据课堂与教材的实际情况，为学生模拟出相应的情境，在实训教学与仿真训练等教学中可取得理想的教学效果。譬如，在"What do we eat today?"教材的听说部分有关于西方餐馆点餐的对话，教师可提前准备好外国人在餐馆点餐的视频，同时依据教材内容录制相应的教学内容，在课堂上播放的时候让学生重点观看点餐的过程，以微课的形式向学生讲解中西方餐桌礼仪的不同点，帮助学生了解西方礼仪，拓宽知识面。在观看视频结束后，教师可指导学生对点餐的片段进行模拟，或是尝试改变点餐的对话。通过这种方式，不仅可锻炼学生的英语口语能力，而且能够帮助学生在实际生活中正确应用理论知识，促进学生英语水平的大幅度提升。

（三）巧设问题情境，活跃学生学习思维

笔者观察发现，在教学中教师直接向学生提出教材问题，通常不会激发学生的思考兴趣，而且学生为了回答很可能会应付了事。因此，教师可通过巧设问题情境的方式，激起学生的好奇心，让学生活跃思维，对问题进行思考后得出解决方案。而创设问题情境的方式相对较多，教师可通过录制微课视频的方式设置问题。譬如，在"Watch for Fun"教材中有谈论电影的对话，教师可让学生猜想电影的名字与内容，或是应用手机搜索电影的名字与内容，在班上与教师、其他同学一起分享。同时，在"ALittle Man with Great Ideas"这一单元主要阐述邓小平的事迹，教师可提前录制关于《春天的故事》这一首歌的微课视频，让学生猜歌曲与哪位人物有着密切的关系，从而引出当堂课的教学内容，通过这种方式有助于教师顺利开展教学活动，并帮助学生完成学习任务。

（四）巧设任务情境，提高学生学习能力

布置任务是检验学生课堂学习情况的一个有效手段，同时教师可通过学生完成任务的情况对教学内容进行适当调整，确保教学内容符合学生的实际学习情况。而任务情境是如今高职英语学科中广泛应用的一种教学方法，即教师在课堂中应用信息化技术依据教学内容为学生布置相应的学习任务，让学生在独立思考或教师的指导下逐渐完成学习任务。譬如，在"Asking for Direction"教材内容中有关于问路的对话，因此教师可将对话内容设计为任务的方式开展教学活动：小华在异国他乡迷路后通过主动向不同的路人问路，最终成功抵达目的地。待布置任务后，教师在多媒体设备上向学生展示地图，让学生为小华找出到达目的地的不同路线及交通工具，并且指导学生用智能手机记录完成并提交模拟向陌生人问路的情境的作业。值得注意的是，在学生模拟问路过程中，教师应鼓励学生使用自己的言语完成问路的学习任务，通过这种方式锻炼自己的英语表达能力，在今后将所学知识正确应用于实际生活中。

信息时代的到来也为各学科教师提供了创新的教学方式。调查数据显示，在高职英语教学中应用信息化教学手段教学后，91%的学生认为学习效果与学习质量已显著上升，而9%的学生表示今后在学习中将化被动学习英语为主动学习。由此可见，在信息化教学手段下，有利于教师在教学中为学生设计出符合学生学习情况与实际需求的教学方案，确保在课堂中向学生提供大量的学习资源，进而激发学生的主动性与积极性，帮助学生夯实理论功底，提高英语应用能力。

第六节　基于智能手机应用的高职英语信息化教学设计

随着移动互联技术的发展，基于智能手机，利用信息化教学的优势，培养学生的英语听说能力和实践能力，让手机不再是课堂上干扰学生学习的工具，而是作为有效的英语学习工具，这是高职英语课堂改革的必然之路。在高职英语信息化教学设计中，以智能手机为载体，系统优化课前、课中和课后整个教学过程，体现"以生为本"的理念、突出"学做合一"的特色，才能真正实现信息技术与英语教学的深度融合。

在信息技术飞速发展的今天，当预设教学目标在传统课堂中难以实现的时候，通过信息技术进行突破就变得非常有意义。远程互动、VR设备、AR设备等比较先进的技术设备可以带来很好的信息化教学效果，但由于客观条件的限制，这些先进的信息化教学设备并不能够完全普及到课堂中。当前，智能手机已成为普及率较高且易于操作的信息化教学终端设备，基于智能手机的移动学习模式可以激发学生学习英语的兴趣，较好地实现信息化教学的目标。教育部从国家层面大力推进信息化教学改革，每年举办的全国职业院校信息化教学比赛为高职教师提供了信息化教学技能展示的平台，智能手机在课堂中的使用也受到了参赛者的广泛关注。

中国在移动互联方面已经走在世界的最前沿。智能手机完全改变了人们的生活方式，改变了学生的学习和生活状态。多姿多彩的手机世界让学生流连忘返，高职院校的校园中随处可见低头族。传统的教学方式单调枯燥，教师想要把"低头族"的课外注意力转移到课堂教学中，却常常感到无可奈何。不少高校教师想方设法收缴学生的手机或者禁止学生带手机上课，这种强迫的做法往往不被学生接受，学生学习的积极性并没有因此改观。而在"互联网+"大环境下，如何实现高职学生从单纯地玩手机到在英语课堂上使用手机学习的兴趣迁移是迫切需要探究和解决的问题。对待学生课堂上使用智能手机的问题，堵不如疏，疏不如引，合理引导学生使用智能手机，改变传统英语课堂枯燥的教学模式，可以更高效地将现代信息技术融入课堂教学中，这才是公共英语教学改革的正确道路。

2007年，教育部颁布的《大学英语课程教学要求》对打造信息化大学英语课堂提出明确要求，各高等学校应充分利用现代信息技术，改进以教师讲授为主的单一教学模式，以现代信息技术特别是网络技术为支撑，使英语课程的教与学可以在一定程度上不受时间和地点的限制，朝着个性化和自主学习的方向发展。基于智能手机的高职英语信息化教学设计，就是以学生为中心，强调情境学习、协作学习的重要作用，强调利用手机媒介，搜索整合各种资源来支持学生的"学"。在这种情况下，网络媒体将会由教师讲解授课的演示工具转变为学生主动学习、协作探究从而解决实际问题的平台。学生可以借助现代信息技术查询资料、搜索信息、进行协作学习和会话交流，并完成多维评价，而教师则可以充分利用现代信息技术，采用任务式、合作式、项目式、探究式等教学方法，实现教与学模式的转变。

一、智能手机与课堂教学融合的教学设计案例详解

（一）基本情况

教学案例"Diet and sport"是2017年全国职业院校信息化教学大赛教学设计类的获奖作品。该案例的教学内容节选自国家规划教材《点击职业英语2》第三单元"We're jogging at Griffith Park"，主要谈论饮食与运动相关话题，包括"Warm up"和"Conversation"两个部分。授课对象是高职一年级学生，他们已经学习了教材《点击职业英语1》，有一定的英语基础，能够进行简单的日常对话，但词汇量小，不能使用英语针对具体主题进行深入交流。这些"95后"的学生活泼好动，着迷于网络和游戏，善于使用手机等智能终端设备，喜欢趣味化的学习模式，学习目标和学习习惯也存在较大差异。因此，如何激活学生学习的内在动力，给学生提供更多的口语表达机会，真正实现因材施教、分层教学，是迫切需要解决的问题。根据《高等职业教育英语课程教学基本要求》和学生的具体学情，确定教学设计的知识目标是掌握饮食与运动的相关词汇和句型，能力目标是熟练使用核心词和句型进行饮食与运动相关话题的口语交际，素质目标是培养学生自主学习的能力和团队协作的精神，从而提升职业素养。

（二）教学设计思路

在教学设计中，针对学生的特点，借助信息化手段及多维评价体系，从学、练、评、研四个方面，构建独特的英语教学生态圈，从而引导学生感受学习的乐趣和成功的喜悦，继而实现教学目标，完成重点、难点教学任务。

（三）教学组织实施

利用移动教学平台，将课堂教学延展为课前学习与准备、课堂测试与应用、课后拓展与提升三个阶段。

课前，学生可以在"云班课"通知栏中查看教师发布的课前学习任务，初步自主解决问题，为实现翻转课堂打下基础，也可以在微信公众号"我的英语课"中查看教师推送的阅读文章《运动类单词知多少》以及"Healthy Eating Plan"。学生通过随时随地的阅读，完成课前学习与准备相关任务：（1）了解"饮食与运动"的相关词汇和短语；（2）使用百度和有道词典等工具查询资料并初步解决自学中遇到的问题；（3）了解中国人的运动现状，并用英文进行语言组织，为课堂英语话题表述做准备；（4）各学习小组依据教材内容分别拍摄对话演练视频并进行编辑整理。该阶段主要用以促进学生提前预习教材内容，熟练掌握视频制作方法，并提升他们的团队合作能力。

课堂测试与应用阶段主要分为预习反馈、热身导入、问题讨论、对话练习和总结评价五个环节。在预习反馈环节中，教师使用云班课移动教学平台对学生进行单词测试，了解学生的课前预习情况。测试中有两组不同难度的词汇，A组测试题主要考查学生对教学大纲要求的必须掌握的核心词汇和短语的掌握情况，B组测试题中除课本内容以外还添加了课外拓展词汇内容。学生根据自身情况和学习需求，可自由选择题目类型进行测试。结果显示，71%的学生选择了含拓展词汇内容的B组测试题，29%的学生选择了只包含基础词汇的A组测试题，且大多数学生通过课前预习掌握了本课的基本词汇，达到了预习的目的。随后进行各小组的对话视频展演，并使用问卷星投票系统现场评选出最佳小组。提交视频作业的小组，所有成员均获得作业加分，最佳视频小组的成员获得双倍作业加分。教师通过"云班课"移动教学平台对学生进行预习效果评价。

在动感音乐背景下，教师向学生展示健康对照表，请学生上台做俯卧撑并计数，引导学生学习"仰卧起坐"和"俯卧撑"相关核心词汇，以有趣的课堂活动进行热身导入。

问题讨论环节采用任务型教学法进行教学，以教师布置任务、学生分组完成的方式，将课堂演变为操练场。首先学生分组讨论完成以下话题：（1）Do you think this is a good test？（2）What are some other ways to check if you are healthy？通过讨论，学生提出自己的观点，并推荐一些关于健康测试的方法。例如，"Can you walk 5km？"而后，学生将讨论结果用英文表达方式发布在班级群中，教师逐一点评并引导学生在生活中养成健康的饮食习惯，加强日常体育锻炼。在此环节中，学生通过分享观点、相互学习，学到一些有趣的运动词汇如"暴走"和"广场舞"等。教师组织学生完成云班课问卷调查，从而了解学生的饮食习惯，学生也可以通过英文调查问卷，学习相关词汇和句型。

在情境对话环节中，教师首先针对对话内容提问简单的问题，让学生阅读对话并作答。课堂提问时使用云班课的"摇一摇"功能，增加了课堂提问方式的多样性和趣味性。其次，基于教学课件讲解对话中的关键词和重要句型。最后，学生分组反复练习对话，开展角色扮演，通过"问卷星"软件进行调查评价，选出最佳现场表演小组，小组成员获得课堂表现加分。

教师总结教学重点并评价学生的课堂表现，学生通过参与课堂教学活动获得经验值。云班课和问卷星提供的大数据，也使教师能精准定位每个学生的学习情况，及时调整课外作业和知识拓展的内容。

课后的继续学习是学习质量的保障。在该环节中，教师给学生设置三个课后任务：一是录制对话音频发送至教师微信；二是登录口语100手机应用程序，使用人机对话和英语配音功能，练习英语听说读写能力；三是完成小组调研任务，登录问卷网，发布英文调查问卷，生成问卷二维码，在全校范围内搜集学生运动习惯的信息，并撰写调查报告。

（四）教学效果反馈

通过使用信息化教学手段，从学、练、评、研四个方面构建了线上线下的英语学习生态圈，从而形成交互性、可重复性、平等性、自主性、人文性和个性化的学习模式。课堂上可以自由选题，也激发了学生学习的热情，为他们的持续学习创造了条件，同时在一定程度上实现了课堂分层教学。学生在视频拍摄编辑、问卷星调查等活动中，提高了自身的统计分析能力、信息技术水平以及团队协作能力，真正实现了快乐学习和能力成长的愿望。

二、基于智能手机的高职英语教学设计思考

（一）基于智能手机的英语教学设计优势

（1）智能手机可以提供学习资源平台、任务操作平台和综合评价平台。教师可以利用智能手机进行资料查询、沟通交流等，通过"智能课堂""云班课"等平台发布相关任务，接收和分析任务完成情况，从而进行课堂教学的过程性评价。通过智能手机移动教学平台，学生也可以自由发言、打分、点赞等，从而完成自评、互评环节。

（2）基于智能手机的移动教学模式可以提升学生的英语学习兴趣。高职学生不是学习能力弱，而是缺乏自我管理能力和学习兴趣，但他们在使用网络、计算机、智能手机等方面的能力丝毫不弱。教师可以通过智能手机媒介利用移动教学模式调动学生的学习积极性，挖掘他们的闪光点，让他们乐于学习、善于学习。

（3）基于智能手机的移动教学模式实现了协作学习和个性化学习。现代教育强调协作学习和个性化学习，教学设计必须以学生为中心，明确学生的学习需求，承认每个学生的个性或潜能。个性化学习因人而异，个人的情况不同，选择的学习内容和要达成的目标也不同。基于智能手机的移动教学平台可以提供不同难度的任务，提供多种课堂组织形式，

从而实现个性化学习，这也为在同一课堂中进行分层教学提供了可能性。

（二）基于智能手机的信息化教学设计需要注意的问题

（1）学生自制能力不强，课堂如何监管。学习贵在持之以恒，但是如果缺乏有力的监督，部分学生就会逐渐被惰性打败，更愿意用手机聊天，或者玩手机游戏。英语学习手机应用程序的大多数资源都是可以免费使用的，因此开发商会在学习页面推送大量广告，干扰学习。在这种情况下，如果处置不当，纵使手机应用程序做得再有吸引力，也可能会使学生的学习虎头蛇尾。因此，课堂上要让学生使用手机辅助学习，就要解决可能因此带来的学生趁机玩游戏等问题，在这方面，合理有效的教学监督和教学评价是有效的手段。

（2）学习资源良莠不齐，如何筛选有益的资源。外语学习类手机应用程序成百上千，但并非所有手机应用程序都有较高水平，有些跟风者设计的手机应用程序粗制滥造，对学习不仅无用，甚至有害。本书将对此继续进行深入研究，基本的做法是选择口碑较好的手机应用程序，帮助学生定制适合的学习内容，或由教师亲自开发学习资源库。

信息技术与教学的深度融合是职业教育发展的必然要求，基于智能手机的高职英语教学设计必将带来语言课教学模式的改变。在教学设计中，系统优化课前、课中和课后的教学全过程，体现"以生为本"理念、突出"学做合一"特色，才能实现枯燥的学习趣味化、单调的学习丰富化、共性的学习个别化、复杂的问题简单化、静止的学习动态化，从而真正实现信息技术与英语教学的深度融合。

第七节　信息化背景下多元评价体系在高职英语口语教学中的应用

随着信息化技术和高等教育领域的不断发展与融合，基于互联网思维构建的多元评价体系优势逐渐凸显。以主体多元化、方式多元化和标准多元化为主要特征的评价体系发展趋势颠覆了传统教学中重应试轻实际的评价弊端，打破了时间与空间的限制壁垒，与高职教育"工学结合"的教育理念更加契合。本节基于领域内的研究成果和教学实践，论证通过信息化手段构建的多元评价体系在高职英语口语教学中的应用价值。

进入 21 世纪以来，全球信息技术不断推进与深化，这一趋势对我国的教育体系优化改革有着重要启示，同时也对教学活动的参与主体提出了更高的要求。2007 年我国教育部高等教育司在《大学英语课程教学要求》中就已提出"大学英语的目的在于提高学生的语言应用能力，特别是听说能力。因此，大学英语课程的设计应充分考虑听说能力培养的要求，并给予足够的学时和学分；应大量使用先进的信息技术，开发和建设各种基于计算机和网络的课程，为学生提供良好的语言学习环境与条件"。此后，教育部又于 2018 年印发了《教育信息化 2.0 行动计划》，该计划强调"'互联网+'条件下的人才培养新模式"，力求推进"新技术与教育教学的深度融合",实现从"融合应用阶段"向"创新发展阶段"的转变。对于高职教育而言,英语口语的教学不仅能够体现英语交互性的本质,更是对高等职业教育"工学结合"理念的践行。教学评价是高职英语口语教学过程中的重要环节,为学生口语学习的成果构建有效的反馈机制,也为其后续的学习过程提供指导和方向。事实上,教学评价这一概念最早于 1911 年被提出,Fredric Taylor 在其著作 *The Principles of Scientific Management* 中首次提出"教育评价就是衡量教育活动达到教育目标程度的一种活动",随着教育体系的不断完善,人们对这一概念的理解也在持续更新和深化,从片面到全面、从单元到多元。如何顺应信息化的时代发展潮流,建立多元立体的口语评价体系已经被越来越多的高等教育从教者所重视。本节将针对信息化背景下多元评价体系在高职英语口语教学中的应用进行研究和论证,以期为领域内的教学活动提供参考和借鉴。

一、高职英语口语教学中传统评价体系的弊端

随着我国教育教学体系的日趋成熟,传统的评价体系在高职英语口语课堂中的应用已经展现出了诸多不适用特征,主要体现在与信息化背景的脱节以及评价效率的损失上,我们可以将传统教学评价体系所体现出的弊端概括为三个单一。

第一,评价主体单一。在传统的高职英语课堂当中评价任务仍主要集中在授课教师身上,他们是口语课程内容的讲授者也是口语学习成果的评价者。教师按照课程标准中预期的教学目标对学生进行引导,依据既定的考试标准及少量主观思考进行考核与评价,这与我国的人才选拔机制有一定关系。如此的统一标准在一定程度上遏制了学生的创造性和主动性,压缩了学生自我反思和相互学习的空间。同时,从高职教育范畴来说,依赖教师作为单一评价主体是否能够高度契合"以就业为导向"的教学原则仍然有待商榷。

第二,评价方式单一。传统的高职英语课堂上完成对学生口语水平的评价需要以课堂为依托,实现面对面的展示或交流,这样的评价方式虽然更为直观,但对评价活动的时间、空间有显著的限制性。评价主体基于课堂形式的束缚难以拓展范畴。此外,高职院校口语评价体系的构建还应当考虑非小班教学模式中样本数量庞大的问题,单纯依托课堂教学实现公共英语学生口语评价的全覆盖和均等性几乎难以完成。

第三,评价标准单一。我们将学习者由学习初始到知识习得的全过程视为一个完整的学习过程。在高职英语口语教学中,传统的评价体系主要以终结性的成果展示作为唯一评价依据,完全忽视了学生的基础差异和准备情况,往往有部分基础较好的学生依靠临场发挥取得高分,但自己本身的口语水平并未通过学习实现提升,这很难保证评价体系的公平性,也无法因材施教地帮助学生发掘其自身潜力和优势。

二、信息化背景下多元评价体系在高职英语口语教学中的构建

教学评价体系的构建是一个复杂的过程,单一的评价主体、方式和标准很难做到积

极有效的反馈。针对传统评价体系中存在的问题和弊端，笔者结合高职英语口语教学的发展趋势和实践经验，就信息化背景下多元评价体系的应用进行研究，完成对其重要意义的论证。

（一）评价主体多元化

教育评价作为一项具有极强复杂性和丰富性的实践活动，其生命力源于多元主体共同参与和协商。教育评价的概念涉及范畴较广，本节仅讨论具体教学这一环节。对于高职学生的口语学习过程而言，已经有越来越多的教师认识到建立学生自评、互评、教评三维评价体系的重要意义。学生的自我评价可以更好地契合自身学习特点，跳出参与者的角色，以一个全新的视角重新总结自己口语展示的优缺点。互评是指学习者之间的相互评价，基于共同的学习目标，学习者之间对学习任务的认知具有一致性，同时他们因基础、想法和呈现方式的不同又存在个体差异。可以通过配对或分小组讨论的方式，完成同学之间的相互评价，取长补短。三维评价体系与单一的教师评价相比更为立体和全面。此外，为了增强口语教学的实际适用性，我们可以通过信息化技术突破课堂这个固化形式，实现评价主体从课堂参与者到企业指导教师的拓展。目前，我们探讨的主体多元化都是基于样本量少的实施条件，对于高职教育中公共英语教学的口语评价而言，安排学生有均等机会展示口语并获评并不现实，那么此时，大基数的口语评价仍然可以借助信息化手段来完成，人们通过编写程序利用人机交互模式下的应用功能实现评价主体由"人脑"向"电脑"转变。

（二）评价方式多元化

在传统的高职英语口语教学中，学生学习成果的评价体系往往构建于课堂的形式框架之内，受时间、地点等维度的限制。而信息技术的高速发展在教育领域为我们打破以上维度壁垒创造了良好的条件，因此我们不仅可以通过信息化的手段提高学生学习的效率，同时也可以利用大数据、信息化和互联网的概念完成对学生口语输出情况的评价。现在很多大专院校的英语教学都采用配套的人机交互软件或应用辅助教学，以笔者就职院校的公共英语教学为例，我们所采用的"WE Learn" APP 在针对听说的内容设置中有一个"speak"环节，学生按要求在手机客户端完成口语输出，应用可自动根据学生口语输出的内容及语音语调完成打分，这在很大程度上保证了教学评价的公平性和科学性。此外，我们还可以通过远程连线、音视频资料云分享等方式搭建多元评价桥梁。鉴于高职教育与市场需求的紧密联系，专业评价内容的介入无疑将大大提升英语口语教学的合理性和高效性，如邀请企业人员（通常也是学生实习的企业指导老师）从专业角度对学生英语口语展示情况进行评价和指导。那么如何解决邀请企业人员的问题？通过简单易操作的社交软件进行远程连线，我们甚至可以同时邀请多个主体，不受时间与空间限制，实现点对点、点对面甚至面对面的评价构建。而通过音视频记录的方式，我们还可以实现纵向的评价体系延伸，让参与者以时间轴为基准完成进步梯度的评价。

（三）评价标准多元化

教学评价这一概念初始提出的时候着重指针对教师教学和学生学习结果的反馈，随着教育制度的发展与完善，20 世纪 80 年代开始，许多教师与学者逐渐认识到对学生学习过程考量的重要作用，如 Bachman(1881)，Long(1984) 等。教学评价体系的构建从只针对结果的静态式终结性评价转变为针对整个学习过程的动态式过程性评价。形成性评价与教学过程中的各个环节密切相关，教师可以通过开放性的方式即时给予学生反馈，这种评价方式与针对结果的终结性评价相比是诊断性的，教师可以随时调整教学策略，学生也可以适时调整学习状态，因此具有积极正面的影响。实施形成性评价的方式有很多种，1994 年，Weir & Roberts 出版的 *Evaluation in ELT* 一书，列举了多种形成性评价的方法，包括观察、访谈、日记、文献和资料分析、自我评价等。我们在新时代背景下融入信息化技术进一步对形成性评价的实施过程进行完善。以笔者就职院校中英语课堂上要求学生完成一次话题演讲为例，教师将演讲题目提前一周布置下去，要求学生在课堂展示之前从习训云 APP 上完成三项作业的上传：第一，搜集优秀的演讲音视频资料 (有文本)，任选一篇进行模仿，将模仿录音上传；第二，头脑风暴并查阅相关词汇、句型及表达，完成上传；第三，将自己的演讲内容框架罗列清晰并上传。假设最终展示安排在第二周周一，那么第一项作业要求周一完成，第二项作业要求周三完成，第三项作业要求周五完成。教师在这个过程中从 APP 的教师端口进入，及时对学生的分时段作业给予反馈和调整意见。如此既可以从全局把控了解学生的课下准备进程，也可以为学生提供"备考"思路和学习步骤。由此践行现代教学评估开创人 Ralph Tyler 于 1930 年提出的创新理念："评估的核心是评价教学目的完成情况，而不只是用于区分、鉴别学生。"

信息化技术的发展为高职教育的进一步完善提供了契机，评价体系作为考量教学效果和调整教学策略的重要环节意义重大。百余年来教学评价相关的理念和成果不断更新和完善，在教学过程中所发挥的作用也日益凸显。信息化背景下多元评价体系的构建更为便捷和高效，实现了评价主体、评价方式和评价标准的全方位多元化发展，在高职英语口语教学中产生了积极的教学效果。综上，我们应建立起多元评价体系，与信息技术更紧密地结合以在日后的实践应用中完善理论推动教学。

参考文献

[1] 余胜泉．推进技术与教育的双向融合：《教育信息化十年发展规划（2011—2020）》解读 [J]．中国电化教育，2012(5)．

[2] 何克抗．智慧教室＋课堂教学结构变革：实现教育信息化宏伟目标的根本途径 [J]．教育研究，2015，36(11)．

[3] 祝智庭，贺斌．智慧教育：教育信息化的新境界 [J]．电化教育研究，2012(12)．

[4] 刘芳．基于网络教学平台的互动式大学英语教学模式探究 [J]．学园（教育科研），2012(23)．

[5] 何克抗．从 Blending Learning 看教育技术理论的新发展 [J]．国家教育行政学院学报，2005(9)．

[6] 何克抗．从 Blended Learning 看教育技术理论的新发展：上 [J]．中国电化教育，2004(3)：5-10.

[7] 黎加厚．微课程教学法与翻转课堂的中国本土化行动 [J]．中国教育信息化，2014(14)：7-9.

[8] 刘立．基于混合式学习理论的教学空间实践探索 [J]．长沙民政职业技术学院学报，2012(4)：82-84.

[9] 钟晓流，宋述强，焦丽珍．信息化环境中基于翻转课堂理念的教学设计研究 [J]．开放教育研究，2013(1)：58-64.

[10] 陈肖庚，王顶明．MOOC 的发展历程与主要特征分析 [J]．现代教育技术，2013(11)：5-10.

[11] 曾明星．基于 MOOC 的翻转课堂教学模式研究 [J]．中国电化教育，2015(1)．

[12] 张辉．MOOC 背景下翻转课堂的构建与实践：以现代教育技术公共课为例 [J]．现代教育技术，2015(2)．

[13] 张新明，何文涛．支持翻转课堂的网络教学系统模型研究 [J]．现代教育技术，2013（ 8 ）．

[14] 付云红．慕课视域下商务英语翻转课堂教学模式 [J]．海外英语，2015(11)：90-92.

[15] 王欣．"慕课"理念下高职院校商务英语教学策略研究 [J]．海外英语，2016(1)：46-47.

[16] 曾明星，周清平，蔡国民，等．基于 MOOC 的翻转课堂教学模式研究 [J]．中国电

化教育，2015（4）：102-108．

[17] 蔡文璇，汪琼 .2012：MOOC 元年 [J]. 中国教育网络，2013(4)：16-18.

[18] 冯菲，于青青，蔡文璇，等 .2013 年全球慕课运动回顾 [J]. 工业和信息化教育，2014(9)：5-12.

[19] 康叶钦 . 在线教育的"后 MOOC 时代"：SPOC 解析 [J]。清华大学教育研究，2014(1)：85-93.

[20] 祝智庭，刘名卓 ."后 MOOC"时期的在线学习新样式 [J]. 开放教育研究，2014(6)：36-42.

[21] 徐葳，贾永政，[美] 阿曼多·福克斯，等 . 从 MOOC 到 SPOC：基于加州大学伯克利分校和清华大学 MOOC 实践的学术对话 [J]. 现代远程教育研究，2014(4)：13-22.

[22] 王朋娇，段婷婷，蔡宇南，等 . 基于 SPOC 的翻转课堂教学设计模式在开放大学中的应用研究 [J]. 中国电化教育，2015(12)：79-86.

[23] 张金磊，王颖，张宝辉 . 翻转课堂教学模式研究 [J]. 远程教育杂志，2012(4)：46-51.

[24] 曾明星，李桂平，周清平，等 .MOOC 与翻转课堂融合的深度学习场域建构 [J]. 现代远程教育研究，2016(1)：41-49.

[25] 覃国庆 . 以工作过程为导向的高职旅游英语实践教学模式初探 [J]. 教育与职业，2009(11)：100-102.

[26] 叶志良，徐洁 . 近三年我国旅游英语规划教材现状抽样分析 [J]. 中国出版，2013(1)：56-58.

[27] 周敏 ."互联网 +"时代中国高职教育转型思考 [J]. 北京教育 (高教)，2015(12)：24-25.

[28] 黄从玲，赵勃 . 现代职业教育体系下高职旅游英语教学的探讨 [J]. 杨凌职业技术学院学报，2016(3)：60-63.